グローバル経済史

水島　司・島田竜登

グローバル経済史（'18）

©2018　水島　司・島田竜登

装丁・ブックデザイン：畑中　猛

s-56

まえがき

　日々の世界のめまぐるしい動きは，我々が向かう方向の見定めを著しく困難にしている。移民制限を強めるアメリカ，EU の結束を揺るがすイギリス，民主化の動きに神経を尖らせるロシアや中国，Japan as Number One が遠い過去のものとなった日本。確かに，地殻変動が起きているようだが，しかし，大量だが細分化されて送られてくる情報は，我々を溺れさせているだけに見える。構造とその変化を見定めるよりどころが，今求められている。

　本書が「経済史」に「グローバル」という語を冠した題目とするのは，次の理由による。第一に，人類の経済史ではなく，地球を含めた経済史を扱うからである。人類を地球の一部として扱うことにより，人類が直面する環境問題も視野に入れ得る方法でもある。第二に，グローバルな経済構造の変化を強く意識するからである。経済史は，西欧に発する経済成長の軌跡とその要因の解明に関心を注ぎ，非欧米世界は無視されるか，従属的な役割が評価されるだけであった。しかし，20 世紀後半から続くアジアの急速な経済成長は，経済史の新たなアプローチを要求するはずである。第三に，本書では，単に国際比較ではなく，地域間の相互連関が検討される。本書が主に対象とする 15 世紀からのグローバル経済の形成過程の中で，どのような地域もその過程から離れた営みはできなかった。地域の営みは，常にグローバルな経済の営みに位置づけられなければならない。

　このような関心が，筆者だけのものでないことは言うまでもない。近年の国際学会でのグローバル・ヒストリー，その中核をなすグローバル経済史への関心の強さは，歴史学であれ経済史であれ，切り離された特定の地域への関心だけでは成り立たないことを示す。

　本書では，近世から近代，そして現在に至るグローバル・エコノミーの成立，そこでの構造化，そして新たに生じつつある構造変動の過程に関わる主な論点や方法を，関連する重要な題材を採りあげながら全 4 部，

15 章にわたって論ずる。第 1 部「形成」は，グローバル・エコノミーが立ち上がってくる時期を対象とし，第 1 章は，グローバル経済史の課題を，第 2 章は，アジアとヨーロッパの経済発展の特性をめぐる議論を扱う。第 3 章以降は，時代を追った構成となる。第 3 章から 6 章まではほぼ 18 世紀までを対象とし，第 3 章は銀の世界流通をめぐるグローバル・エコノミーの成立を，第 4 章はオランダ東インド会社の活動によるアジア・ヨーロッパ間関係の緊密化を，第 5 章はインド綿布をめぐるヨーロッパの対応とイギリスによる世界市場の制覇を，第 6 章は砂糖をはじめとする世界商品によるグローバル・エコノミーへの一体化への動きを論ずる。第 2 部「一体化」は，第 7 章から 10 章までの主に 19 世紀を対象としてグローバル・エコノミーが一体化していく時期を扱い，第 7 章は耕地開発・農業開発の急激な進展と人口増大の意義を，第 8 章は運輸・通信などのインフラの整備と度量衡や所有などの制度的基盤の整備過程を，第 9 章は開発にともなう人の移動を，第 10 章は国際的な金融体制の整備の過程をそれぞれ明らかにする。続く第 3 部「深化」は，このようなグローバル・エコノミーの深化のインパクトを扱う。第 11 章では，人々のライフスタイルの変化を，第 12 章ではグローバル・エコノミーを根本的に変えてきたエネルギーの開発と利用の動きを論ずる。第 4 部「展開」は，第 13 章から最終章で構成され，第 13 章は，グローバルな規模の経済発展における地域的個性の問題を考え，第 14 章と最終の第 15 章では，20 世紀後半からの構造変動を用意してきたアジアの経験とグローバル・エコノミーの構造変動における役割を考える。

　本書は，水島司，島田竜登による分担執筆である。最後に，本書の出版にあたり，多くの図版が含まれる原稿を根気強く完成に導いて下さった鈴木孝氏に謝意を表したい。

2018 年 1 月

水島　司

目次

まえがき　3

〈第1部　形成〉

1 グローバル経済史入門
―世界の構造変動をめぐって―

水島　司　9

1. ヨーロッパとアジア　10
2. 歴史学への挑戦　13
3. ヨーロッパ近代の相対化　15
4. アジアからのグローバル経済史　18

2 アジアとヨーロッパ
―経済発展の国際比較―

水島　司　23

1. 東洋（アジア）の意味と脱亜論　23
2. 近世までのアジアとヨーロッパ　25
3. 国際比較の方法　27
4. 賃金の国際比較　31
5. ウェルフェア倍率による実質賃金の比較研究　35

3 銀と大航海時代

島田 竜登　40

1. 大航海時代　40
2. 銀山の開発と輸出　46
3. アジア域内貿易　50

4 | 近世グローバル経済と日本　　　島田 竜登　53

1. 近世ヨーロッパと世界経済　53
2. オランダ東インド会社　56
3. 長崎貿易と近世日本　61

5 | アジア経済とイギリス産業革命
　　　　　　　　　　　　　　　　　　水島　司　66

1. 世界経済の成長の両輪
　―大西洋経済圏とインド洋経済圏―　66
2. 香料から綿布へ　68
3. インド綿布のヨーロッパへのインパクト　70
4. インド綿布の東南アジア市場の喪失　74
5. 東南アジアへのイギリス綿布の浸透　77

6 | 世界商品の登場　　　島田 竜登　80

1. アメリカ大陸の農業開発　80
2. アジアの開発　83
3. 世界商品の登場　86

〈第 2 部　一体化〉

7 | 開発と人口　　　水島　司　92

1. 耕地開発の進展と地域的特徴　92
2. 農業生産における技術的進展　95
3. 人口と GDP　100
4. 耕地開発と人口　103

8 | グローバル経済の緊密化　｜ 島田 竜登　111

1. 海運と通信の発展　111
2. 自由貿易と植民地化の進展　115
3. 近代的経済制度の整備　118

9 | 開発の進行と人の移動　｜ 水島 司　123

1. 人の移動　123
2. インド系移民について　127
3. インド人金融コミュニティーについて　130
4. 中国系移民について　138
5. 移民の類型とグローバル・エコノミーの展開　140

10 | 国際金融と金本位制度　｜ 島田 竜登　142

1. 金本位制と国際金融　142
2. 国際金融ネットワーク　145
3. アジアの国際金融　148

〈第3部　深化〉

11 | グローバル経済の深化とライフスタイル
｜ 島田 竜登　154

1. ライフスタイルの変化　154
2. 時間観念　159
3. グローバル化が抱える負の側面　162

12 | エネルギー　　　　　　　　島田 竜登　166

1. 石炭の利用　166
2. 石油の登場　170
3. 原子力発電について　174

〈第4部　展開〉

13 | 経済発展の多径路性　　　　水島 司　178

1. 経済発展と人口　178
2. 産業革命と勤勉革命　183
3. 東アジア型成長と西ヨーロッパ型成長　186
4. 南アジア型発展径路　187

14 | 20世紀後半の展開　　　　水島 司　193

1. 20世紀後半の主な動き　193
2. 新興国としてのインド　194
3. インド経済の20世紀の動き　202
4. 世界の経済構造の変化　205

15 | リオリエントへの展望　　　島田 竜登　208

1. 経済新興国の台頭　208
2. 社会主義経済の崩壊と開放　211
3. アジアの台頭と世界経済の今後　212

索　引　220

1 | グローバル経済史入門
―世界の構造変動をめぐって―

水島　司

《**目標＆ポイント**》　18世紀後半からのヨーロッパが牽引してきた世界経済は，20世紀半ばを境にして，再びアジアに比重を置き始めた。この現実を前にして，アジアの発展を注視しながらグローバルな歴史を再構築しようという動きが盛んとなってきた。では，現在のグローバル経済史では，何が論点となり，何を論点にすべきなのか。本章では，グローバル経済史全体に関わる課題を考える。
《**キーワード**》　グローバル・ヒストリー，世界の構造変動，GDP動向，アジアの台頭，世界史認識のゆがみ，環境史，ヨーロッパ中心主義，ジョーンズ，ウォーラーステイン，アブー＝ルゴド，アジアの再評価，グローバル経済史の課題

　歴史を学ぶこと，世界，地球の歴史を学ぶことには，いったいどのような意味があるのだろうか。勝者の歴史，優れたものの歴史への関心は，何が世界を導いたのかを知ることにつながるだろう。たとえば，オリンピックでの勝者の優れた資質，厳しい訓練，周到な準備，勝利への強い意志を学ぶことは，自らの力，技，知恵を磨くことにつながるかもしれない。

　しかし生きるための知恵は，必ずしも勝者のみから学べるとは限らない。敗者の中から，あるいは勝敗とは別の次元で生きてきた人々から，より多くを学ぶことがある。また，ある時点の勝者がいつまででも勝者であり続けるわけではないことも，我々はよく知っている。

　従来の経済史においても，なぜ欧米が近代の世界を牽引し，アジア・

アフリカの多くの地域を支配し，科学技術，芸術活動でも圧倒的な創造性を発揮できたのかが探求され，さまざまな解釈が提供されてきた。その際，近代の経済発展の基盤としての，イギリスに始まる産業革命と資本主義の展開の意義が重視され，その過程の解明に力が注がれてきた。そして，我々が学ぶ歴史教科書では，大きなスペースが，ヨーロッパの近代とそこに至る過程に割かれている。

1. ヨーロッパとアジア

　近年，前述のような理解のありかたが大きく揺れている。グローバル・ヒストリーと呼ばれる研究潮流が世界の歴史研究者を引きつけ，その中でグローバル経済史と呼べる分野が大きな役割を果たしてきている。

　グローバル経済史がどのような視角からどのような研究を生み出し，それが我々の過去の理解にどのような変化をもたらしつつあるかについては，本書全体を通じてこれから学んでいくことになる。その前に，なぜこうした潮流が生じてきたのかについて，その要因を見ておく。

（1）　地域による変化

　なによりもまず大きな要因は，20世紀半ばを起点として，世界の経済構造が大きく転換し始めたことである。つい数十年前までは，世界経済の中でむしろ負の存在としてとらえられてきた中国，東南アジア，インドが大きく経済成長し，一言で言えば，停滞の象徴であったアジアへの見方が一変したからである。

　地域別GDP構成の長期変化を見ると，19世紀に入り，欧米の比率が大きく増加したが，20世紀半ばを境にその比率が下方へ向かい，世界の構造が大きく変化し始めている。

　もちろん，地域別GDPの構成の変化は，必ずしも経済成長によって

地域格差が解消されたことを意味するわけではない。一人あたり GDP を見ると，欧米世界と非欧米世界の間にはまだまだ大きな格差が存在している。しかし，やはり 20 世紀半ばを境にして，非欧米世界においてもその伸びが確認できる。

　では，どの地域が大きく成長したかであるが，間違いなく東アジアである。20 世紀半ばからの GDP の地域別構成の変化を見ると，「東アジアの奇跡」と呼ばれる同地域の急速な経済発展の状況が明確に見てとれる。

　以上の幾つかの例が示すのは，世界の経済を牽引する地域が根本的に変化したという事実である。20 世紀の後半から，大きな経済構造の変動が見られるが，21 世紀に入って，さらにそのスピードは加速している。問題は，このような動きを，我々がどの程度認識しているかという点である。我々の世界認識は，今もなお欧米を中心とし続けている。18 世紀後半以降に出現してきた近代世界の構造が，この数十年で根本的に変わっていることに対しての認識は未だ共有されていない。

（2） アジア経済についての研究

　こうしたアジアの経済発展の世界史的な重要性を，欧米が世界経済を主導した 19 世紀から 20 世紀にかけての近代においても確認しようという試みも出てきている。その重要な問題提起をなしたのが，杉原薫〈杉原（1996）『アジア間貿易の形成と構造』〉である。杉原は，アジアを，インド，東南アジア，中国，その他の地域に区分し，その間の貿易額をアジア間貿易（遠隔地貿易としてのヨーロッパ・アジア貿易と，local trade としての局地的貿易の中間に位置）と規定して，その成長率を計算した。その結果，1883 - 1928 年（＝ヨーロッパによるアジア進出の最盛期）のアジア間貿易の成長率は，アジアの対ヨーロッパ貿易の成長

率を上回るという事実，すなわち，アジアの対ヨーロッパ貿易成長率が輸入 4.2%，輸出 3.8% であったのに対し，アジア間は輸出入とも 5.7% に達していたことが示された。そしてその要因として，アジア内部に綿業を基軸とした国際分業が存在してきたことの重要性が指摘されたのである。

　杉原の研究に代表されるグローバル経済の生成と展開におけるアジアの役割の重要性の指摘は，近代の，グローバル・エコノミーの形成を欧米のイニシアチブのみに求めようとする研究姿勢に，大きく軌道修正を求めるものであった。

（3）　グローバル経済史へのまなざし

　グローバル経済史を学ぼうとするとき，そもそも非欧米世界が世界の人口の圧倒的な割合を占めていることを認識すべきであろう。また，この数十年の経済構造の変動状況が今後も継続するならば，21 世紀は，20 世紀までの欧米中心で動く世界から，非欧米世界が世界の動きを先導していく時代となる可能性もある。グローバル経済史は，このような世界の現在のあり方と方向を基本として，現在の世界がどのように形成されてきたのか，我々の世界認識は，これからの世界を生きていく中でどうあるべきなのかを考える学問の領域であらねばならない。

　グローバル・ヒストリー，あるいはグローバル経済史が台頭してきた要因は，以上のような世界の構造変動に加えて，他にも幾つか挙げることができる。生活全体に関わるグローバリゼーションの動き，EU の統合に象徴される国家の枠組みの変更，独立の時代を経てのエスニック紛争の多発による国民国家体制の揺らぎなどがそうしたものである。これらは，一国史を超えた歴史叙述を要請するものであるが，さらに進んで，国と国，地域と地域との比較，社会の比較，そして地域連関の研究の必

要性も示唆している。

2. 歴史学への挑戦

　以上述べてきた状況は，歴史学，および経済史を取り巻く外的なものであるが，それだけでなく，これまでなされてきた歴史研究への挑戦という状況も存在する。そのことを気付かせることのひとつは，他分野の研究者，とりわけ自然科学系の研究者が歴史学に参入しているという事態である。

（1）　自然科学者の歴史学への参入
　自然科学系の研究者の歴史学への参入は，従来歴史学が手をつけることをしなかった，文字史料の存在しない地域・時代にまで対象を拡大することを可能にした。そのことは，歴史学の取り組みに動揺を与えただけではない。むしろ，歴史学の活性化を促し，新たな領域への研究を促すという結果をもたらしてきた。
　それだけではない。ヨーロッパとアジアとの文献史料の残存と蓄積の大きな差が，西欧中心の世界観（ユーロセントリズム）という歪みをもたらしてきたことを，歴史学の抱える問題として認識すべきである。たとえば，東南アジアや南アジアの近世以前の史料の貧困は，それと対照的に多くの史料が蓄積され，それらをもとに豊かな歴史を再現してきたヨーロッパの対アジア観を大きくゆがませてきた。そのゆがんだ認識は，近代以降一貫したものであり，「文明化の使命」にはじまり，植民地支配，ベトナム戦争，アフガニスタンやイラクをめぐる紛争にまでつながる非欧米世界への対応に，そのまま反映してきたとさえ言える。
　これまでの歴史学はまた，もっぱら文献を史料としてきたことから，大きな欠落を生み出してもいる。たとえば，人類史（ワールド・ヒスト

リー）は，地球全体の歴史（グローバル・ヒストリー）の一部しか占め
ておらず，人類史に大きな影響を及ぼす地球環境の長大な変化を視野に
入れることができない。当該地域，当該時期に関する文献史料が残され
ていない場合，歴史学はまったく無力でいるしかないのである。この歴
史学の方法的な禁欲さ，つまり文献史学への固執の間隙をぬって，自然
科学系の研究者が，環境や疫病などのテーマをもとに，大きな関心を惹
く話題作を次々に提示し，深いインパクトを与えていると考えることも
できる。

　地球環境の変化について，たとえば現在問題となっている地球温暖化
が人類が初めて経験するものかどうかについて，クリスティアンは，「地
球温暖化は決して目新しいことではない。地球の地表温度の平均は，地
球の歴史を通じてさまざまなスケールで変化してきたのだから。」
〈Christian（2004）：132）〉と指摘している。この問題も，地球の長大
な歴史の中でとらえるべき問題なのである。

（2）　グローバル・ヒストリーの登場

　従来の歴史学の枠を超えた取り組みは，自然科学者だけではなく，経
済史に携わる者の中からも，近年続々と出現してきている。それらは，
従来の枠組み，対象，史料，手法にこだわらず，様々な意味で挑戦的で
ある。幾つかのテーマに関して，以後順次採りあげていくが，ごく簡単
にその特徴を言えば，扱う時間の幅が，場合によっては宇宙の創生から
始まることもあり，長期的な変動を扱うことが一般的である。また，対
象となる空間が広く，ユーラシア大陸やインド洋世界など，いわゆる一
国史よりははるかにスケールが大きい。また，従来の歴史学ではほとん
ど取り扱われてこなかった環境や疫病などのテーマへの取り組みがなさ
れている。

問題意識としては，ヨーロッパ世界の相対化，あるいはヨーロッパが主導的役割を果たした近代以降の歴史の相対化を含意する研究が多い。その場合，単なる地域比較で終わるのではなく，異なる諸地域間の相互連関，相互の影響が重視される。グローバル・ヒストリーと呼ばれる由縁であり，グローバル経済史と題する本書も，そうした研究に依拠する。

グローバル・ヒストリーが極めて盛んになったのは，ブローデルやウォーラーステインをはじめとする初期の研究が大きなインパクトをもったからでもある。近年，グローバル・ヒストリーの研究が数多く出されているが，初期の代表的な研究については，章末の参考文献リストに示す。いずれもグローバル経済史にとって重要なものである。

3. ヨーロッパ近代の相対化

グローバル・ヒストリーあるいはグローバル経済史の研究潮流の中で特に注目したいのは，ヨーロッパ世界の相対化，あるいはヨーロッパが主導的役割を果たした近代以降の歴史の相対化という問題関心である。この関心の背後に，これまでの世界史認識への反省があるという点は，既に指摘した。ヨーロッパが世界を主導してきたとするユーロセントリズム，および，ヨーロッパの世界観でアジアを解釈し，その解釈を拡大再生産してきたオリエンタリズムに対する批判が，その大きな目標のひとつである。

（1）世界システム論の展開

では，世界の経済成長と近代の世界構造の成り立ちはどのように理解されてきたのか。そのいくつかを以下にとりあげ，問題点をみておく。

グローバル・ヒストリー研究の嚆矢となり，それ以後の研究に大きなインパクトを与えたのは，ウォーラーステイン〈Wallerstein（1974）

The Modern World-System: Capitalist Agriculture and the Origins of the European World-Economy in the Sixteenth Century〉であった。ウォーラーステインの議論は，系譜的には従属論の流れをくむものの，中枢と辺境，あるいは中核と周辺という従属論での説明図式からさらに進み，ヨーロッパを中核として，世界を覆い尽くしていく「世界システム」のモデルを提示したことに，その大きな意義があった。一体化しつつ構造化していく近代の世界の特徴を見事に切り出したウォーラーステインの議論は，その後の域圏，地域連関，世界の構造化，ヨーロッパを中心とするグローバリゼーションなどの諸研究を大きく進展させることにつながった。

　しかし，このウォーラーステインの議論は，多くの批判を受けた。世界システムとしつつも，議論の射程はオランダ，イギリスに先導されたヨーロッパ世界発資本主義の世界経済化への軌跡にあり，それゆえ，空間的には，ヨーロッパからせいぜい南北アメリカに限定されるという限界を有したものであったからである。非ヨーロッパ世界，特に，17‐18世紀までの世界経済の中で大きなプレゼンスをもっていたアジアは，ウォーラーステインが設定する世界システムに組み入れられるのが18‐19世紀であったという認識のゆえに，世界システム論ではほとんど何の位置も占めていなかった。

　こうした根本的な問題を含んではいるが，ウォーラーステインの世界システム論が，グローバル・ヒストリーの大きな潮流を引き起こす重要な原動力となったことは間違いない。

(2)　ヨーロッパとアジアの比較

　ヨーロッパとアジアの歴史発展における役割の差異に着目し，なぜ，近世に，オスマンからサファヴィー，ムガル，明・清というような大帝

国を築いたアジアではなく，西欧が近代世界のイニシアチブを取ることができたのかという問いを立てたのが，ノースとトマス〈North and Thomas（1973）*Rise of the Western World*〉である。そこでの議論は，まず発展に不可欠の制度として財産権，つまり私的所有権があるとの主張を前提とする。1700 年までを対象にして，西欧世界の勃興の要因は西欧の経済組織の効率性にあり，その効率性を生んだのは産業革命に代表される技術革新とか人的資源への教育投資などではない，決定的であったのは個々人の経済的努力に見合った見返りを社会全体の見返りと同程度に個人にももたらすようなインセンティヴを生み出す制度的整備，特に特許権をはじめとする財産権の確立であったという主張である。

　同様に，18 世紀までを対象に，なぜヨーロッパで経済発展が始まったのかという問題を，アジアの近世の諸帝国と正面から比較して論じたのが，ジョーンズ〈Jones（1981）*The European Miracle: Environments, Economies, and Geopolitics in the History of Europe and Asia*〉であった。ジョーンズは，ヨーロッパと非ヨーロッパとの発展の分岐時点，生産的投資と結びつく政治的な安定性，成長の持続性，地理的利点などの諸側面を考察し，18 世紀までに，ヨーロッパの統治機構は，自然災害の管理と公共財の提供という社会的基盤整備において，非ヨーロッパと比較して優れていたという特徴を指摘する。アジアが専横的な近世諸帝国を有していたのに対して，ヨーロッパでは国民国家競合体制という専横をおさえる統治体制であった。ヨーロッパの国家が成長促進の役割を果たしたのに対して，アジアの国家は成長阻害の役割を果たした。そしてその差が「ヨーロッパの奇跡」をもたらした，と結論した。

　このようなジョーンズの議論に対して，同書が出された後，様々な批判が加えられたが，加えて，ジョーンズ自身が東アジアの奇跡と呼ばれるアジアの高い経済成長や近年のサーヴィス産業の拡大を目にしたこと

や，アジアに関する知識を深めたことによって，その議論を修正するに至った。そして，続編にあたる〈Jones (2000) *Growth Recurring: Economic Change in World History*〉で，非欧米世界においても，過去に何度も経済成長があったと主張を転換した。すなわち，産業革命やイギリスを唯一の起源とみなす工業化を重視した従来の経済成長論を批判し，経済成長はどの地域にもある成長への傾斜と，それを阻害しようとする既得権益の追求——レント・シーキング（全体の福利を犠牲にして自己の立場を増進しようとする傾向）——との間の関係から決まると論じた。高度な経済活動が見られた宋代の中国や徳川時代の日本にその視野を広げ，前書でのヨーロッパ優位説からの議論の転換を図ったのであるが，別の見方をするならば，ヨーロッパ中心史観の論者の中にも，グローバル・ヒストリーの影響が着実に浸透していることを示す例と言えよう。

4. アジアからのグローバル経済史

　このような主にヨーロッパからみた世界史の解釈に対して，アジアの動きに重点を置いて世界史の再構成を唱える研究も出てくるようになった。その一つが，アブー＝ルゴド〈Abu-Lughod (1989) *Before European Hegemony: The World System A.D. 1250 - 1350*〉である。ウォーラーステインの世界システム論が16世紀以降のヨーロッパを中心とした議論であったのに対し，ルゴドは，ユーラシア大陸の旧世界の多くがひとつのシステムに組み込まれていた時代としての13世紀の世界システムを描いた。

　それによれば，13世紀にはヨーロッパから中国に至る国際的交易が発達し，地球上の大半を覆う形で言語，宗教，帝国によって規定される8つのサブ・システムが共存した。そしてそれらを大きくヨーロッパ，

中東，アジアの3つの回路がまとめるようにしてひとつの世界システムが成立していた，その場合，14世紀始めにピークに達したこの世界システムでは，ヨーロッパはそのシステムの一部ではあったが，中心ではなかった，と論じたのである。

この世界システムは，しかし，その後14世紀以降に衰退し退化した。中国が，1500年以降海から撤退して保護主義へと移行し，16世紀以降には西欧が興隆し，階層的に組織された新たな世界システムが成立したからである。

このようなルゴドの議論に対しても，批判が出されている。東洋の没落は本当にあったのか，1500年以降も中国は発展し続けているではないか，サファヴィー朝やムガル朝，東南アジアでも発展がみられたではないか，そもそもヨーロッパ勢力に対する受け身の存在としてアジアを考えてよいのか，等々である。

アブー＝ルゴドの研究は，近代以前の13－14世紀という時代に世界システムが存在し，その中でアジアが主要な役割を果たしたことを主張するものであった。そこでは西欧の台頭の前にアジアが没落したという観点が提示された。他方，近代に入る直前においても，アジア，とりわけ中国や日本の一部が西欧の先進地域と同程度に高度に発展していたと評価し，歴史発展におけるヨーロッパとアジアのバランスを問い直そうとする研究が登場し，世界の歴史学に大きなインパクトを与えた。ポメランツ〈Pomerantz（2000）*The Great Divergence: China, Europe, and the Making of the Modern World Economy*〉やフランク〈Frank（1998）*ReOrient: Global Economy in the Asian Age*〉の研究が代表的なものである。それらの内容とグローバル経済史における意義については，次章以降で紹介することとする。

まとめ

　ヨーロッパを中心として，世界史の流れを理解するという従来の歴史認識のあり方は，20世紀半ば以降の世界の経済構造の変化と，アジアの台頭という現実の世界の動きの中で見直され，グローバル・ヒストリーという分野で活発な議論が生まれている。また，従来の歴史研究では対象とはならなかったテーマも，場合によっては歴史学以外の分野の研究者によってとりあげられ，大きな関心を呼んでいる。このような新たな研究潮流の中で，グローバル経済史は何を目標に，どのような課題に取り組むべきか，これからの章を通じて考えたい。

参考文献

- Abu-Lughod, Janet L.（1989）*Before European Hegemony: The World System A.D. 1250‐1350*, Oxford University Press［アブー＝ルゴド（2001）『ヨーロッパ覇権以前』（佐藤次高他訳）岩波書店］.
- Braudel, Fernand.（1949）*La Méditerranée: et le monde méditerranéen à l'époque de Philippe II, Librairie Armand Colin, evue et corrigée*［ブローデル（1991‐95）『地中海』藤原書店］.
- Braudel, Fernand.（1975）*Les Jeux de L'échange*, Librairie Armand Colin（*The Wheels of Commerce: Civilization & Capitalism 15th-18th Century*, HarperCollins Publishers, 1982）.
- Chaudhuri, K.N.（1985）*Trade and Civilization in the Indian Ocean*, Cambridge University Press.
- Christian, David.（2004）*Maps of Time: An Introduction to Big History*, University of California Press.
- Crosby, A.W.（1972）*The Columbian Exchange: Biological and Cultural Consequences of 1492*, Greenwood Publishing Group.
- Frank, Andre Gunder.（1998）*Reorient: Global Economy in the Asian Age*, University of California Press［フランク（2000）『リオリエント—アジア時代の

グローバル・エコノミー』藤原書店].

- Jones, E.L.（1981）*The European Miracle: Environments, Economies, and Geopolitics in the History of Europe and Asia*, Cambridge University Press ［ジョーンズ（2000）『ヨーロッパの奇跡：環境・経済・地政の比較史』（安元稔・脇村孝平訳）名古屋大学出版会].

- Jones, E.L.（2000）*Growth Recurring: Economic Change in World History*, University of Michigan Press ［ジョーンズ（2007）『経済成長の世界史』（天野雅敏他訳）名古屋大学出版会].

- Maddison, Angus（1999）"Economic Progress: The Last Half Century in Historical Perspective", *Perspective on Global Economic Progress and Human Development*, Annual Symposium 1999, Academy of the Social Sciences, Australia（http://www.ggdc.net/MADDISON/oriindex.htm）（2011 年 6 月 25 日にアクセス).

- McNeill, W. H.（1981）*The Plagues and the Peoples*, Anchor Books ［マクニール（1985）『疫病と世界史』（佐々木昭夫訳）新潮社].

- North, D. C. and Thomas, R. P.（1973）*Rise of the Western World*, Cambridge University Press ［ノース，トマス（1980）『西欧世界の勃興』（速水融他訳）ミネルヴァ書房].

- Pomeranz, Kenneth.（2000）*The Great Divergence: China, Europe, and the Making of the Modern World Economy*, Princeton University Press ［ポメランツ（2015）『大分岐　中国，ヨーロッパ，そして近代世界経済の形成』（川北稔監訳）名古屋大学出版会].

- Reid, Anthony.（1988, 1993）*Southeast Asia in the Age of Commerce 1450 - 1680*, vol. 1: The Lands below the Winds, vol. 2: Expansion and Crisis, Yale University Press.

- Wallerstein, I.（1974）*The Modern World-System: Capitalist Agriculture and the Origins of the European World-Economy in the Sixteenth Century*, Academic Press ［ウォーラーステイン（1981）『近代世界システム：農業資本主義と「ヨーロッパ世界経済」の成立』（川北稔訳）岩波書店].

- Wallerstein, I.（1980）*The Modern World System II: Mercantilism and the Consolidation of the European World-Economy, 1600 - 1750*, Academic Press

［ウォーラーステイン（1993）『近代世界システム　重商主義と「ヨーロッパ世界経済」の凝集』（川北稔訳）名古屋大学出版会］.

・オブライエン（2000）『帝国主義と工業化　1415‐1974』（秋田茂・玉木俊明訳）ミネルヴァ書房

・杉原　薫（1996）『アジア間貿易の形成と構造』ミネルヴァ書房

・杉原　薫（2005）「「東アジアの奇跡」と資本主義の行方」『経済セミナー』609

・濱下武志・川勝平太（編）（1991）『アジア交易圏と日本工業化　1500‐1900』リブロポート

・濱下武志（1997）『朝貢システムと近代アジア』岩波書店

・松井　透（1991）『世界市場の形成』岩波書店

・家島彦一（1991）『イスラム世界の成立と国際商業』岩波書店

2 | アジアとヨーロッパ
─経済発展の国際比較─

水島　司

《目標＆ポイント》　グローバル経済史の中で，とりわけ重要な争点となっているのは，近世以降のアジアとヨーロッパとの関係，および両者の歴史発展の特性をめぐる比較研究である。そうした議論を惹き起こしたポメランツやフランクなどの議論の内容と，それに関わり，どのような論点が出されてきているのかを見る。

《キーワード》　近世のアジアとヨーロッパ，大分岐論とその批判，発展の比較の手法，身長，寿命，賃金，ウェルフェア倍率

---

1. 東洋（アジア）の意味と脱亜論

　「…此文明の東漸の勢…文明は猶麻疹の流行の如し。目下東京の麻疹は西國長崎の地方より東漸して，春暖と共に次第に蔓延…朝野の別なく一切萬事西洋近時の文明を採り…亞細亞全洲の中に在て新に一機軸を出し，主義とする所は唯脱亞の二字にあるのみなり。

　我日本の國土は亞細亞の東邊に在りと雖ども，其國民の精神は既に亞細亞の固陋を脱して西洋の文明に移りたり。然るに爰に不幸なるは近隣に國あり，一を支那と云い，一を朝鮮と云ふ。…今の支那朝鮮は我日本のために一毫の援助と爲らざるのみならず，西洋文明人の眼を以てすれば，三國の地利相接するが爲に，時に或は之を同一視し，支韓を評するの價を以て我日本に命ずるの意味なきに非ず。…我日本國の一大不幸…我國は隣國の開明を待て共に亞細亞を興すの猶豫ある可らず，寧ろその伍を脱して西洋の文明國と進退を共にし，其支那朝鮮に接するの法も隣

國なるが故にとて特別の會釋に及ばず，正に西洋人が之に接するの風に従て處分す可きのみ。惡友を親しむ者は共に惡友を免かる可らず。我は心に於て亞細亞東方の惡友を謝絶するものなり。」

出典：『時事新報』1885（明治18）年3月16日社説

　福沢諭吉の筆によるとされるこの明治18年3月16日付け『時事新報』社説は，19世紀後期の日本のアジア観を明確に示している。欧米の圧力によって開国に舵を取ることになった日本は，早くも明治4年に岩倉使節団を欧米に派遣した。一行は，2年近い歳月をかけたその視察で，欧米の圧倒的な工業力を目にしただけではなく，途次に植民地アジアの状況も見聞し，その情報を日本に持ち帰った。

　使節団一行が訪れた19世紀後期のヨーロッパは，産業革命を終えて圧倒的な工業生産力を保持するようになっていただけではなく，軍事力によって植民地支配を維持・拡大し，また世界市場を一体化するための交通・通信のインフラ整備を着々と進めつつあった。その状況下で，植民地アジアとは一線を画し，「西洋の文明國と進退を共に」しようとした日本は，幕末までに培われてきた技術とプロト工業化の高い達成レベルを背景にして新たな工業技術の吸収に邁進した。お雇い外国人と呼ばれる高級技術者を雇い入れて急速な工業化を達成し，海外市場の開拓を目論んでアジアへと進出していった日本が，19世紀末からは日清戦争（1894），日露戦争（1904）・朝鮮併合（1910）と欧米と競い合いながら植民地支配の道に踏み込み，アジア支配と帝国建設のための軍事的進出へと，最終的には破滅に至る道を突き進んでいったことは周知の通りである。日本の近代とは，アジアを犠牲にしての工業化であったと言える。

2. 近世までのアジアとヨーロッパ

　このような日本の動きは，19世紀後期の世界の全体構造から見れば，さざ波程度の動きを引き起こすものであったのかもしれない。この時代は，何よりもイギリスを筆頭に，欧米が世界を圧倒した時代であった。アジアだけを見ても，イギリスがインドを，オランダがインドネシアを，スペイン続いてアメリカがフィリピンを，フランスがインドシナを，ドイツが中国の一部を，それぞれ植民地として統治していた。

　このように，ヨーロッパが世界を圧倒する19世紀以前のアジアとヨーロッパは，ではそれぞれどのような経済発展段階にあったのか。19世紀以降の世界構造を，そのままそれ以前の世界構造に敷衍して理解して良いのか。この問題について問題提起をしたのがポメランツ〈Pomeranz（2000）*The Great Divergence: China, Europe, and the Making of the Modern World Economy*〉であった。

（1）　ポメランツの学説

　ポメランツの主張は，次のようなものであった。中国の揚子江下流域や日本の畿内という東アジアの最先進地域と，ロンドンやオランダなどのヨーロッパの最先進地域の間には，1750年の時点では驚くほどの経済的類似性が見られた。高度に発展したそれらの地域では，商業化とプロト工業化が人口成長を加速し，いずれの地域も資源制約に直面した。しかし，そこから150年の間に，生産，消費，分業の全てが西ヨーロッパの多くの地域で劇的に発達し，両者の間に大分岐（Great Divergence）が生じた。

　イングランドがこの制約から逃れ，他の地域から分岐し得たのは偶然的要素があったからである。偶然的要素とは，炭坑の近接性とヨーロッ

パにとって「新」世界であるアメリカ大陸へのアクセスであった。炭坑の近接性については，ロンドンとその周辺という完璧な場所に大量の石炭が存在したことから，鉱山で水を汲み上げる蒸気機関でこの化石燃料を利用することができた。他方，中国の場合には，石炭の鉱床は中核地域からあまりにも離れたところに分布しており，環境圧力（資源制約）から逃れることが困難であった。新世界へのアクセスについては，イギリスでは新世界からの生産物輸入が急増し，マルサスの罠，リカードの罠から解放された（第13章で詳述）。また新世界では労働力の多くが海外からの奴隷であったために，彼らが自給生産に携わって輸入代替が生ずるようなことはなく，新世界は西欧の工業製品の重要な市場となった。他方，東アジアにおいては，周辺地域でプロト工業化が進み輸入代替が進んだため，周辺地域への輸出による中核地域の発展が生じなかった。

　このように，ヨーロッパ（特にイングランド）が資源制約から逃れられたのは，化石燃料への転換とヨーロッパの新世界へのアクセスであり，新世界へのアクセスを可能にしたのは，地理的な幸運と重商主義経済の発展であった。結局，西ヨーロッパは，偶然的要素によって，他の地域の発展パターンから大きく分岐した，というのがポメランツの議論であった。第1章で紹介したトマスやノース，ジョーンズなどが，ヨーロッパとアジアの間の経済発展の差を，政治システムや財産権などの社会システムの差異に帰したのに対し，ポメランツは資源の分布やアメリカ大陸との地理的位置関係などの偶然的な要因，つまり「幸運」によるものであったと主張したのだった。

（2）　近世のアジア経済の先進性

　ポメランツの研究の意義は，このような主張だけではなく，その議論の中で，アジアとヨーロッパの経済発展の実態を冷静に比較・分析する

手立てと見通しを提示したことにあった。また，西欧の先進性とアジアの後進性という前提を打ち消し，西欧の先進性が近代以降のものでしかないことを示す挑戦的なものでもあった。

　ポメランツのように，ヨーロッパの先進性を再検証し，アジアとヨーロッパの最先進地域が近世において同等の発展段階にあったと主張するにとどまらず，アジアの経済発展がヨーロッパよりも実は優位にあったと主張したのがフランク〈Frank（1998）*ReOrient: Global Economy in the Asian Age*〉である。フランクは，1400 年から 1800 年を対象に，交易，世界規模の分業，世界経済における貨幣および貨幣システムの役割，人口・生産・交易・消費の状況とそれぞれの成長率，ヨーロッパとアジアとの比較，地域相互の連関性などを扱った。それによれば 18 世紀半ばまでアジアはヨーロッパよりも経済的に発展しており，ヨーロッパの勃興は経済活動の収縮サイクルの到来によるアジアの没落を利用して生じたものに過ぎない。近代に入ってからのヨーロッパの経済発展の先導性は一時的なものに過ぎず，むしろアジアこそがグローバル・エコノミーのなかで支配的な位置を占めてきた。そして，バランスはアジア＝「オリエント」へ，再方向変え＝「リオリエント」している，と論じた。

3. 国際比較の方法

　このように，アジアとヨーロッパの経済発展の先進性をめぐって議論がなされ，現在もその議論は継続している。しかし，いったい，経済の先進性は何をもって測ることができるのだろうか。国際比較に際しては，何を指標とすれば比較が可能なのかがまず検討されなければならない。そもそも，従来の経済発展の議論に際して用いられてきた GDP という指標は，近世以前の世界史にも無前提に通用するわけではなかろう。

　このような問題意識から，現在先端的に取り組まれている国際比較の

方法は，大量の統計データを集めて比較するという方法，いわゆる Big Data という方法である。しかし，近世以前の社会に関する統計データの取得や整備は，容易ではない。以下に，比較的研究が進んでいる身長，寿命，賃金の国際比較研究をとりあげ，どのような手法がとられ，どのような議論からどのような結果が導かれているかを見ておく。

（1）　身長の国際比較

　身長には，地域によって，あるいは時代によって特徴があるのだろうか。北欧での身長の 9 世紀から 19 世紀にかけての長期的変化をみると，ほぼ 170 センチ前後で推移している。ところが，近代に入ってからの動きに限ると，ヨーロッパのほとんどの国で，男性成人身長が 19 世紀後半から 20 世紀後半にかけて場合によっては 10 センチ以上急伸している。

　19 世紀後半からの身長の急伸状況は，オランダ，フランスの徴兵の身長動向からも見てとれる。オランダは 19 世紀半ばから，フランスは 20 世紀に入ってから急に伸びる。ただし，両国の伸びには大きな格差があり，オランダの伸びはフランスに較べてはるかに大きい。

　スウェーデンと日本を較べるとどうか。19 世紀に入ってから 20 世紀半ばまでの両国の徴兵の平均身長の変化を見ると，両国とも一貫して伸びているが，両者の間には 10 センチ以上の大きな開きがある。

　このように，時代によって，あるいは国によって，身長およびその動きには大きな違いがある。いったい何が身長差，身長動向を左右してきたのだろうか。その一つの要因を示唆するのが，一人当たり GDP と身長の正の相関である。

　対象を世界全域に広げ，19 世紀からの身長の動きをみると，大体においてどの地域でも身長の伸びが見られる。図 2 - 1 は 19 - 20 世紀の地域別身長動向を示したものであるが，19 世紀終わり頃からの身長の伸

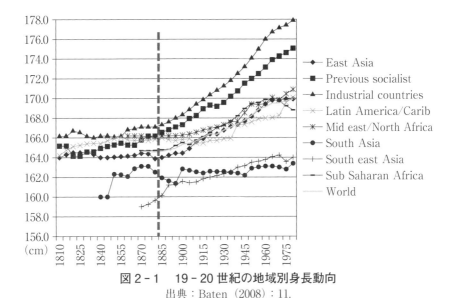

図2-1　19-20世紀の地域別身長動向
出典：Baten（2008）：11.

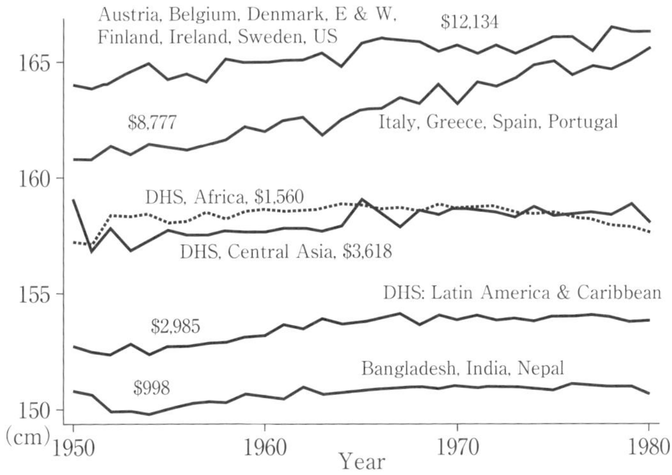

図2-2　女性の身長動向と地域別一人あたりGDP
（1950-1980）
　　　　出典：Deaton（2007）：13233（Fig. 1）.
　註：DHS-Demographic and Health Surveys（www.measuredhs.
　　com）

びの動きが顕著である。しかし，南アジア，東南アジアに関しては，その伸びは他地域と較べて極めて小さい。

　身長差にはまた，それぞれの国の生活のあり方，社会慣習も反映されている。図2-2は，1950-80年の女性の身長動向と地域別一人あたりGDPを示したものである。北米，北欧，中欧がそれぞれ伸び，南欧は伸びが大きい。他方，アフリカ，中央アジアは伸びがなく，南米，中米については1960年代までは伸びているが，その後停滞している。GDPが極めて低い南アジアの女性の場合，身長が一番低いレベルであるだけでなく，一向に伸びていない。理由として，一人当たりGDPにみられる南アジアの一般的な貧困という問題もある。しかし，それだけではなく，性による社会的差別，具体的には，男性が食事を終えた後で女性が残ったものを食べるというような社会慣習も関係があるだろう。

（2）　身長と寿命の相関性

　このような身長の動きは，寿命とも相関し，身長と寿命の間には，明らかに正の相関性が見られる。もちろん，寿命の動きにも，時代毎，国毎に大きな違いがある。図2-3の左は1550年から1850年にかけてのイギリス，フランス，デンマーク，スウェーデン（女），北京（男）の，右はイギリス，ジェネヴァ，イギリス貴族，ヨーロッパの支配家系の寿命の変化を示したものである。18世紀半ばまでは，せいぜい40歳程度であったのが，その後次第に伸びていく様子が見てとれる。

　このような寿命の変化をもたらしたのは死亡率の変化である。図2-4の左はイギリス（1553-1975）の，右はフランス（1752-1974）の死亡率の動きを示している。イギリスでは16-18世紀はあまり大きな動きはないが，19世紀に入って大きく低下している。他方，フランスでは，データがある18世紀半ばから，一貫して低下している。

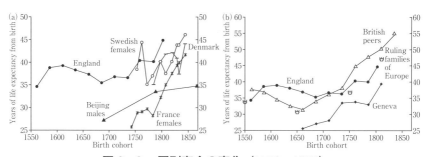

図2-3　国別寿命の変化（1550-1850）
出典：Hoffman et. Al.（2005）：137.

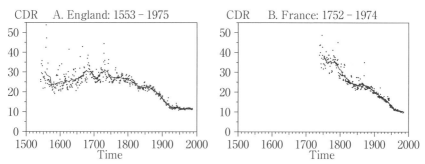

図2-4　イギリス（1553-1975），フランス（1752-1974）の死亡率の動き
出典：Steckel（2005）：231.

4. 賃金の国際比較

　身長や寿命は，データがあれば比較的単純に時期的な変化や国際比較が可能である。他方，人々の生活水準と直接結びつく収入の国際比較・時代比較となると，多くの困難がともなう。例えば，1万円で入手できる商品は，国（地域）によって大きく異なるし，また，時代によっても大きく異なるからである。

近年の経済史研究において議論となっているのは，人々の生活水準と深く関わる賃金の国際比較である。具体的な問いとしては，近世アジアの実質賃金は近世西欧に匹敵する水準だったのか否か，というものである。

（1） 銀賃金と穀物賃金

　この問題は，単に実質賃金をどのように求めるかではなく，グローバル経済史にとって中心的な問題と関わる。例えば，「18世紀までのインド綿製品の世界市場での優越の要因は，それを生産する綿業従事者の低賃金にあった」という議論がある。インド綿製品が近世まで国際的に高い競争力をもったのは，糸の品質，染色，デザインなどが優れていたことに加えて，インドの手織工の低賃金が要因であった。インドの手織工の賃金がヨーロッパの手織工の賃金に比較して低かったことが，インド製品の価格の安さを可能にし，世界市場を席巻する競争力を生み出したという論である。この解釈に対して，パルタサラティ〈Parthasarathi (1998: 79 - 109)〉は，南インドを対象として次のように反論した。確かに銀量に換算した賃金はイギリスより低かったが，穀物量に換算すると同程度の水準となる。南インドでは農業生産性が非常に高く，穀物価格が安かったからであり，インド綿布の国際競争力は，労賃の安さにあったわけではないと。

　この論争の例に見られるように，賃金をどのように計測するか，そしてそれを生活水準全体との関係にどのように位置づけるかには，幾つもの問題が絡む。現金による賃金（銀賃金）か現物による賃金（穀物賃金）か，それぞれが実際にどの程度生活を支えうるのか，また，賃金を計測し得たとしても，家族の中で一人だけが働く場合と家族全員が働く場合がある。さらに，副業があれば，家計収入全体に占める賃金の相対的比

重も異なってくるのではないか。つまり，実質賃金や生活水準は，地域や時代毎の消費のあり方や収入源の幅，現金による賃金と現物による賃金，物価，家族労働，主業と副業の比重など，さまざまな要因を組み込んだ包括的な分析を要請するのである。

（2）　ヨーロッパ内の賃金格差

　パルタサラティに対し，穀物賃金の高さは，むしろ経済発展の程度の低さを意味するとして反論を行ったのがブロードベリーとグプタ〈Broadberry and Gupta（2005）〉であった。ヨーロッパには，1500－1800年の各地における建設工（非熟練，熟練）の日当に関するデータが存在する。そこからの知見では，アジアとヨーロッパを比較しようとした場合，ヨーロッパのどの地域と比較するかが問題となる。というのは，ヨーロッパ内にも大きな賃金格差があるからである。両者の議論によれば，ヨーロッパ内での銀賃金の地域差と動向を16世紀初めから19世紀前半までの期間で見ると，イギリスなどの北西ヨーロッパでは銀賃金が格段に上昇している。他方，南ヨーロッパの成長は鈍く，中央ヨーロッパや東ヨーロッパは，1500年の初発の段階でも低いし，その後の成長も鈍い。北西ヨーロッパでの17世紀後半以降の賃金上昇は，新大陸からの銀の流入によるものではなく，市場化部門の高い生産性を反映したものである。スペインを通しての地金流入で，物価はヨーロッパ全体で同様に上がったが，銀賃金はスペインなどの南ヨーロッパではなくイギリスで急速に上昇したのである。他方，穀物賃金は，銀賃金とは対照的に，16世紀には東ヨーロッパが圧倒的に高く，その傾向はその後も続いた。しかし，実質賃金で見ると，その後，北西ヨーロッパでは実質賃金はさほど低下しなかったのに対して，東ヨーロッパなど他のヨーロッパ地域では大きく低下していった。穀物賃金の高さと実質賃金の高

さは結びついておらず，銀賃金と穀物賃金のギャップは，経済の発達程度を示している。言うまでもなく，銀賃金と穀物賃金の高い北西ヨーロッパは，銀賃金が低く穀物賃金は高い東ヨーロッパよりも高い経済発展のレベルにあった。

（3）イギリスとインド・中国の賃金比較

　このようなヨーロッパ内での地域差の議論をヨーロッパとアジアの比較に適用するとどうなるか。

　まずイギリスとインドに関して非熟練労働者の銀賃金と穀物賃金を比較すると，インドの銀賃金は，16世紀末でイギリスの6分の1，18世紀には8分の1に低下しており，既に16世紀には大分岐が見られる。インドの穀物賃金水準は17世紀末までイギリスのレベルに近かったが，18世紀には低下し，大きく分岐した。イギリスでは穀物賃金が上昇し，インドでは穀物賃金が低下したためである。このようなインドの動きは南ヨーロッパ，中央ヨーロッパ，東ヨーロッパと同様な傾向にあり，インドは17－18世紀を通じて，イギリスのような発展程度にはなかった。全体として，発展程度の低いポーランドに近い状況であった。

　イギリスと中国については，ポメランツにより，最先進地域であり，北西ヨーロッパと同等だと位置づけられた揚子江下流域がとりあげられる。明代後期から清代中期にかけての賃金を見ると，貨幣賃金は0.04から0.045（tael）にわずかに上がっているが，銀賃金に換算すると，インドと同じレベル（銀1.2－1.8グラム）である。他方，同じ期間に米価格が上昇したために，穀物賃金（ライス）は3.0から2.0キロに大きく低下し，これもインドと同レベル（インドは2.3キロ）になっている。

　以上の検証から，ブロードベリーとグプタは，アジアは低い銀賃金のゆえに穀物価格は低くなり，その結果，穀物賃金が北西ヨーロッパと同

等に高かった，このパターンは，停滞した東ヨーロッパのような地域と
同じパターンであった。低い銀賃金は商品化部門の低い生産性を反映し
たものであり，結局，穀物賃金からのみ発展程度を比較するというのは
無理であって，パルタサラティが，インド農業の高い生産性が高い穀物
賃金と低い銀賃金をもたらしたことをもってインドの経済発展の高さを
論ずるのは間違いであると批判したのである。

5. ウェルフェア倍率による実質賃金の比較研究

　実質賃金に関する以上の議論は，銀賃金，穀物賃金でのものであった。
しかし，銀賃金であれ穀物賃金であれ，現物で支給される賃金をどう算

表 2-1　消費バスケット構成の地域的特徴

(1 人年当り)

品　目	日本 A	日本 B	ヨーロッパ (Allen 2005)	インド (Allen 2005)
パン （kg）	－	－	208	－
豆類 （除大豆，リットル）	4	4	52	52
肉類 （kg）	－	－	26	26
バターまたはギー （kg）	－	－	10.4	10.4
大豆 （kg）	52	26	－	－
米 （kg）	114	30	－	143
大小麦 （kg）	10	70	－	－
魚類 （kg）	3.5	－	－	－
雑穀 （kg）	16	75	－	－
食用油 （リットル）	1	1	－	－
リネン類 （m）	5	5	5	5
灯油 （リットル）	2.6	2.6	2.6	2.6

出典：J.-P. バッシーノ・馬徳斌・斉藤修 (2005)：355.

定するかはもちろん，銀銭の地域差，時期毎に変動する銀以外のさまざ
まな通貨間の換算をどう処理するかも問題となる。また，表2-1は日
本，ヨーロッパ，インドの消費バスケットの中味を示したものであるが，
その構成は地域によってバラバラであり，穀物価格が消費バスケットに
占める割合の地域差をどう調整するのか，というさらに難しい問題が控
えている。

　このような問題を解決しようとして提案されたのが，J.-P. バッシー
ノ・馬徳斌・斉藤修（2005）によるウェルフェア倍率を用いた実質賃金
の長期比較研究である。ウェルフェア倍率とは，まず総栄養摂取量を1
日1,940キロカロリー，タンパク質摂取量を80グラムに調整する。次に，
消費バスケットの各品目に都市毎の価格系列をかけたものをデフレー
ターとして，年間所得推計値＝名目賃金率×想定年間労働日数(250日)／
想定家族員数（3＝大人2人と子供2人）という式を用いる。そして，
この年間所得推計値をバスケット価格で除したものをウェルフェア倍率
とし，ウェルフェア倍率が1より大きければ，所得が想定生存水準より
上と判断するという方式である。

　このウェルフェア倍率により比較した結果について，まず中国の北京
（都市部），北京（農村部）と，ヨーロッパ（ロンドン，アムステルダム，
ミラノ）を比較すると，ロンドンとアムステルダムが突出して高い。そ
れら以外は，想定生存水準を下回っており，南欧のミラノと中国とは水
準が似ている。

　次に，日本の畿内（農業）とヨーロッパのオクスフォード（不熟練），
ミラノ（不熟練）を比較すると，18世紀末から19世紀初めにかけては，
畿内はオクスフォードにかなり接近するが，その後は差が開き，ミラノ
の水準に近づく。

　続いて日本（京都・東京）と中国都市部（北京）を比較すると，20

世紀初めまであまり差がないが，その後京都，東京が上昇し，北京との差が大きく開く。

以上のウェルフェア倍率の分析から，以下の点が明らかにされる。第一に，南欧と西欧の差が拡大した。これは，南欧の実質賃金の下落幅が西欧より大きかったからである。第二に，近世を通じて日本・中国・南欧は同水準で推移した。しかし，フランス，イタリア，スペインなどの南欧と日本では 18 - 19 世紀に実質賃金と格差の縮小があったが，中国では 19 世紀末から農村賃金が都市賃金に引き離されていった。19 世紀に入り，南欧地域は，灌漑の導入と農業集約化によって実質賃金の上昇と地域間格差の縮小が進んだ。日本では，一人あたり生産性が上昇し，労働集約的発展が進んだ結果，18 世紀に実質賃金が上昇し，格差（熟練差・地域差）が縮小した，などである。

この方法での算出で，もう一つ興味深い問題が指摘されている。それは，日本で実質賃金水準が想定生存水準を下回るという結果が出たのはなぜか，という問題である。この問題に関して，斎藤修は，次のような要因を挙げている。日本では小農経営が卓越し，雇用労働者が少ない。例えば，1789 年の甲斐国の例では，雇用労働者の比率は 4 ％ に過ぎない。他方，田植え，除草，稲刈りなど，副業収入の機会が多い。労働日数は計算で用いている標準の 250 日ではなく，1909 年の調査でも 300 日以上であり，実際にははるかに労働日数が多い。また，消費バスケットの構成が，農村部では徳川時代まで雑穀型で，明治に入ってから米魚型へ移行した，などである。ここには，国際比較にまつわる地域の個性をどう処理するかという，グローバル経済史の重要な問題が示されている。

まとめ

本章では，アジアとヨーロッパの経済発展に関して，身長，寿命，賃

金を例に，どのような問題に関してどのような比較の手法が用いられ，その結果どのような議論が導き出されているかを見た。次章以降，アジアとヨーロッパの経済発展の問題を視点にもちながら，グローバル経済史の展開をさらに多面的に学んでいく。

参考文献

・J.-P. バッシーノ，馬徳斌，斎藤修（2005）「実質賃金の歴史的水準比較：中国・日本・南欧，1700-1920 年」『経済研究』56-4
・斎藤修（2008）『比較経済発展論—歴史的アプローチ』岩波書店
・Allen, Robert et.al.（2005）*Living Standards in the Past: New Perspectives on Well-Being in Asia and Europe*, Oxford, Oxford University Press.
・Baten, Joerg.（2008）"Global Height Trends in Industrial and Developing Countries, 1810-1984: An Overview"（http://www.parisschoolofeconomics.eu/docs/ydepot/semin/texte0708/BAT200 8GLO.pdf）（2017 年 3 月 19 日にアクセス）.
・Bayly, C.A.（2004）*The Birth of the Modern World: 1780-1914*, USA, UK, Australia, Blackwell Publishing.
・Bengtsson, Tommy et.al.（2004）*Life under Pressure: Mortality and Living Standards in Europe and Asia, 1700-1900*, Cambridge, Mass., MIT Press.
・Broadberry, S. and Gupta, B.（2005）"The Early Modern Great Divergence: Wages, Prices and Economic Development in Europe and Asia, 1500-1800",（http://www2.warwick.ac.uk/fac/soc/economics/staff/faculty/broadberry/wp/wage8a.pdf）（2017 年 3 月 19 日にアクセス）.
・Deaton, Angus.（2007）"Height, Health, and Development", http://www.pnas.org/content/104/33/13232.full（PNAS, August 14, 2007, vol. 104, no. 33）（2017 年 3 月 19 日にアクセス）.
・Fogel, Robert W.（1994）"Economic Growth, Population Theory, and Physiology: The Bearing of Long-Term Processes on the Making of Economic Policy", *The American Economic Review*.

- Frank, Andre Gunder.（1998）*ReOrient: Global Economy in the Asian Age*, University of California Press［フランク（2000）『リオリエント―アジア時代のグローバル・エコノミー』藤原書店］.
- Hoffman, Philip T. et.al.（2005）"Sketching the Rise of Real Inequality in Early Modern Europe", *Living Standards in the Past: New Perspectives on Well-being in Asia and Europe*, Oxford University Press.
- Mironov, Bori.（2005）"The Burden of Grandeur: Physical and Economic Well-Being of the Russian Population in the Eighteenth Century", *Living Standards in the Past: New Perspectives on Well-being in Asia and Europe*, Oxford University Press.
- Parthasarathi, P.（1998）"Rethinking Wages and Competitiveness in the Eighteenth Century: Britain and South India", *Past and Present*.
- Parthasarathi, P.（2009）"Historical Issues of Deindustrialization in Nineteenth-Century South India", *How India clothed the World: The World of South Asian Textiles, 1500‐1850*, Giorgio Riello and Tirthankar Roy（eds.）, Brill.
- Pomeranz, Kenneth.（2000）*The Great Divergence: China, Europe, and the Making of the Modern World Economy*, Princeton University Press.［ポメランツ（2015）『大分岐　中国，ヨーロッパ，そして近代世界経済の形成』（川北稔監訳）名古屋大学出版会］.
- Steckel, Richard H.（2005）"Health and Nutrition in the Pre-Industrial Era: Insights from a Millennium of Average Heights in Northern Europe", *Living Standards in the Past: New Perspectives on Well-being in Asia and Europe*, Oxford University Press.

3 | 銀と大航海時代

島田竜登

《目標＆ポイント》 グローバル経済の展開を考えるとき，15世紀末の「大航海時代」の幕開けを起点と考えることができる。この時期を境に，「旧大陸」に加えて，「新大陸」を含めた世界経済が一体化の方向に進み始めたからである。続く16世紀には日本と中南米で銀山が開発され，多量の銀が世界を廻り，グローバル経済を形成させてゆく一大要因となった。この銀の世界流通に焦点を当て，グローバル・エコノミーの成立径路を知る。

《キーワード》 大航海時代，銀，日本と中南米，胡椒，香辛料，スペイン，ポルトガル，商業の時代，アジア域内貿易

1. 大航海時代

（1） 大航海時代の開始

　15世紀末に世界経済にとって大きな変化が生じた。イタリアのジェノヴァ出身のクリストファー・コロンブス（1451?−1506年）によるアメリカ大陸の「発見」である。スペイン王室の援助を受けたコロンブスの率いる船団は，1492年，中米のカリブ諸島に達した。コロンブス自身は，本来，アジアに向かうための最短航路としてヨーロッパから西に向かうことを考えたのであった。彼は終生，その地がアジアではなく，アメリカ大陸であることに気づくことはなかった。だが，ともかく彼によって，ユーラシア大陸やアフリカ大陸からなる，いわゆる「旧大陸」とアメリカ大陸という「新大陸」が結びつけられたのである。

　当時のヨーロッパは，アジアで生産された胡椒をはじめとした香辛料

を西アジア経由で購入していた。陸路を通じて多数の商人の手を介すると、ヨーロッパに輸入されるときには香辛料の価格は非常に高価になりがちであった。そのため、直接、アジアに船で航海し、香辛料をアジアで買い付けることをもくろんだのである。もちろん、結果としてコロンブスはアジアにたどり着くことにはならなかったが、彼なくして、その後にスペインやポルトガルがアメリカ大陸に拠点を設け、先住民を虐殺したり、酷使したりして植民地開発を行うことはなかったであろう。そのうえ、グローバル的な見地からすると、アメリカ大陸を「発見」し、アメリカ大陸を世界経済の中に取り込み、世界を一体化の方向へ前進させたことの意義は大きい。

　また、1498年には、ポルトガル王室の支援を受けたポルトガル人のヴァスコ・ダ・ガマ（1460? - 1524年）がアフリカ大陸の南端を経由してインド亜大陸に達した。ここにポルトガルによるアジアとの直接の航路が開かれることになった。彼がインド亜大陸のカリカットに到達したのは1498年であったが、ポルトガル勢力は最終的に1510年にはインド亜大陸西岸のゴアに植民都市として拠点を構築した。このゴアを拠点に、さらに1511年には東南アジアのマラッカ王国を滅ぼし、ここにも東南アジア貿易の拠点を設けた。加えて1557年には中国南部のマカオに拠点を設置することを明朝から許可された。かくして、ポルトガルがゴア、マラッカ、マカオを拠点として、海域アジア各地に貿易網を構築することになったのである。

（2）　コロンブス交換

　スペインとポルトガルはアジア、アフリカ、アメリカの各地に拠点を築き、各地を開発、あるいは既存の貿易活動に参入することで、巨大な世界貿易網を構築したことが大航海時代の具体的様相であることには間

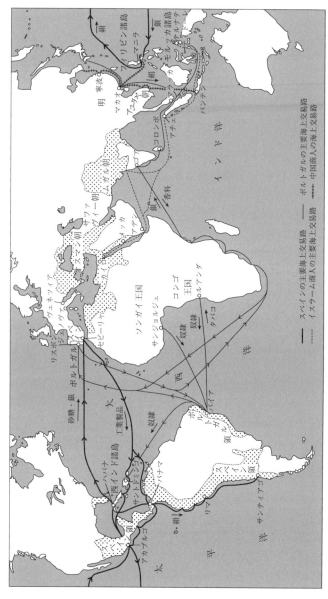

図3-1 16世紀のスペイン・ポルトガル・ムスリム商人の主要海上交易路
出典：中西聡（2010）：66．（地名表記を一部改めてある）

違いはない。しかし，グローバル・エコノミー全体として巨視的にみると，アメリカ大陸の社会が，「旧大陸」世界とも呼ばれるアジア，アフリカ，ヨーロッパの経済社会と接合したことの意味は想像以上に大きい。

　2つの世界の接合により，これまで存在しなかったモノがアメリカ大陸から，「旧大陸」に持ち込まれたのである。サツマイモやジャガイモ，トウモロコシ，タバコといった作物が「旧大陸」に新たに導入された。これらの作物の栽培は比較的肥沃度の落ちる土地でも栽培が可能であった。それゆえ，小麦や米の栽培が不可能な地域でもこうした新作物が栽培され，人口を養うことが可能になったのである。

　ジャガイモを例にとってみよう。17世紀から18世紀にかけてヨーロッパ各地で栽培が開始されることになる。栽培の容易さは飢饉を救う優れた作物であった。ヨーロッパに移植されたジャガイモは，ついでアジアにまでもたらされた。日本では江戸時代にジャガイモが伝えられたという。ジャガイモという日本語の名称は，一説にはジャカタラという地名に由来するとされる。ジャカタラとは，すなわち現在のジャカルタであり，1619年以降，アジアでの最重要拠点を置いたオランダ東インド会社がジャカタラからバタヴィアへと名称を変更したのである。

　ジャガイモをはじめとしたアメリカ大陸からの新作物は，「旧大陸」の人々の食生活を大きく変えることになった一方，アメリカ大陸でも「旧大陸」と接合することで状況は変化する。とくに重要なのはサトウキビの導入である。のちに見るように，ヨーロッパ人によってサトウキビ栽培が中南米に移植された。アメリカ大陸ではアフリカ人奴隷を労働力源として多量の砂糖が生産され，ヨーロッパに輸出されるようになるのである。

　以上は作物を例にとり，2つの世界の接合の状況とそれぞれの社会の変化を概観したわけであるが，双方の世界に入った新たなモノは農作物

ばかりではない。例えば，牛などの家畜が「旧大陸」にもちこまれたということもあるが，もう少し異なったモノとしては，感染症がある。アメリカ大陸に起源を持つと考えられている性病の一種である梅毒は，コロンブスの航海後，すぐにヨーロッパに広まった。さらに梅毒は東へと進んで行き，はやくも16世紀の前半には日本でも梅毒が流行することになる。また，逆にアメリカ大陸にも新たな感染症がヨーロッパから持ち込まれた。天然痘が代表的なアメリカ大陸へ持ち込まれた感染症であり，アメリカ大陸の先住民人口の多数が死亡したという。ヨーロッパからの植民者が先住民を過酷な労働に使役した以上に，ヨーロッパから持ち込まれた天然痘をはじめとした感染症は現地社会にとって深刻な影響を与え，皮肉にもヨーロッパの植民地支配を助けることになった。いずれにせよ，コロンブスによるアメリカ大陸の発見は，「旧大陸」と「新大陸」を接合させるとともに，双方の社会の変化を引き起こしたのであった。

　こうした世界の一体化は「コロンブス交換（Columbian Exchange）」と歴史家のアルフレッド・クロスビーによって名付けられた。もちろん，この世界の一体化の重要性は，ヨーロッパとアメリカ大陸の接合のみにあるわけではない。時を同じくして，ヨーロッパ人が直接，アジアの海へ乗り出し，まさしく世界は一体化される方向に進み始めたということが重要なのである。かくして，この15世紀末に始まる大航海時代とは，世界経済が一体的なものとなる本格的な開始点であったといえるだろう。

（3）「大航海時代」という用語

　ところで，この「大航海時代」という用語は20世紀後半の日本で作られた学術用語であることには注意しなければならない。もともと欧米世界では「発見の時代（Age of Discovery）」，あるいは「探検の時代

（Age of Exploration）」と呼ばれていた時代であるが，それは西洋中心主義的な発想を反映させた概念であること以外の何物でもない。アジアが発見されたというのであるが，日本人を含むアジア人が，「発見の時代」や「探検の時代」という用語を使えば，奇妙でしかないであろう。アジア人にとっては，アジアはもともと自明であったはずで，自らの存在していたアジアが「発見」されるのは不思議なことだからである。そのため，これらの用語に代わるものとして，「大航海時代」という用語が戦後，日本で考案されたのであった。現在では，東アジアの漢字文化圏において「大航海時代」という用語が広く学術的に用いられている。

　一方，近年の日本では，「大航海時代」という用語の使用をやめようとする動きも出ていることは興味深い。そもそもアジアにおいては，ポルトガル人が進出する以前から「大交易時代」であったというのである。例えば，鄭和（1371‒1434 年）による明朝のインド洋までの海上遠征はその象徴でもある。それゆえ，アジアの海ではポルトガル進出以前のおよそ 14 世紀ごろから「大交易時代」が始まったとされる。ポルトガル人到来以降，ヨーロッパ人による喜望峰経由でのアジアへの進出という事象は，豊かなアジアの交易世界に新たな新規参入者としてヨーロッパ人がやってきたことにすぎない。たとえヨーロッパ人の進出がアジアの社会に影響を与えたという意味があるとしても，それは豊かなアジアの貿易活動をさらに活性化させた程度に過ぎないというのである。

　もっとも，この「大航海時代」という用語そのものを見直そうする見方は，ある意味，アジア中心主義的な色彩が強いことにも注意しなければならない。アジアにおける「大交易時代」というのはアジアにおける事象にすぎない。本書はグローバルな視点から経済社会の歴史を考えようとするものであるが，コロンブス交換という用語に象徴されるように，いわゆる「旧大陸」と「新大陸」が有機的に接合され，新たなモノの伝

播や人々の移動がグローバルな規模で成し遂げられるようになったということが，極めて重要なのである。「コロンブス交換」以前のアジアの豊かな貿易活動も，「コロンブス交換」を経て新たな段階に入ったと考えるべきなのである。

　ついでに，用語の問題として，さらにひとつの留意点を指摘しておこう。それは，「旧大陸」と「新大陸」という用語である。本章ではとくに問題視することなく，これまで「旧大陸」と「新大陸」という用語を使ってきたが，「旧」と「新」という言葉で世界を2つに分けることの妥当性は疑問視できなくもない。なぜなら，アメリカ大陸でも，コロンブス到来以前に優れた文明社会が築かれていたからで，どちらかを「旧」とし，どちらかを「新」とするかということに何ら科学的な根拠があるわけではない。アメリカ大陸を「新」大陸とみなすことは，明らかに「旧」大陸に属する人々の歴史観を露呈させた用語であることに間違いはない。グローバルな視点からすると，一方を「旧大陸」とし，他方を「新大陸」とするなどといったことは，本来，肯定できる見方ではないといえるだろう。

2. 銀山の開発と輸出

（1）銀山開発

　大航海時代が始まってすぐに起きた重要な出来事は，世界的な銀山の開発である。銀が多量に生産され，これが世界を廻り，世界各地の経済活動に刺激を与えた。16世紀を代表する銀の新たな生産地のひとつは日本であった。1526年，島根の石見銀山が，博多の商人であった神屋寿禎（神谷寿貞などとも表記される）によって発見され，開発された。彼は朝鮮から，鉛を使って銀を抽出する精錬技術であった灰吹法を導入し，質の高い銀を多量に生産することに成功したのである。灰吹法技術

は生野銀山や佐渡金山など日本各地の鉱山に広まり，日本を世界的な銀生産・輸出国とさせた。現在一般に言われているところでは，当時の日本の銀生産量は世界の銀生産の三分の一を占めたとされている。

　日本について新たな銀の生産が開始されたのがアメリカ大陸である。現在のボリビアにあるポトシ銀山，メキシコのサカテカス銀山が代表例であり，どちらも1540年代に発見されている。スペイン支配下での銀山開発であり，鉱山労働者にはアメリカ大陸の先住民が使われた。彼らの労働環境は劣悪で，多くの人々が死亡したとされる。また，精錬方法として，水銀を用いて銀を抽出する水銀アマルガム法が導入された。いずれにせよ，日本と中南米で貨幣素材であった銀が多量に生産され始めると，それは世界経済に大きな影響を与えるようになった。

（2）　銀の世界流通と世界経済

　日本や中南米で新たに多量の銀が生産されると，銀はその地にとどまることなく，輸出されていった（図3-2参照）。日本で生産された銀は，すぐに東アジアから東南アジアにかけての貿易圏であるシナ海地域に輸出された。日本史の範疇でいえば，16世紀は，後期倭寇，ポルトガル商人，鉄砲伝来，キリスト教伝来，博多商人といった用語が象徴する商業の時代であり，シナ海地域との経済的結びつきの強い時代でもある。つまり，シナ海地域の経済は商業をベースにしたある種のブームの時代にあり，それを経済的に支えたのが日本から輸出される銀であった。銀は，この経済圏においては最も主要な貨幣とされ，また銀が社会に多量に出回ることにより，ますます貨幣として銀が重要視されるようになった。例えば，16世紀を通じて中国では一条鞭法という税の銀納が導入されていったが，これもまた銀の流通の増大を背景にしていると考えられている。

48

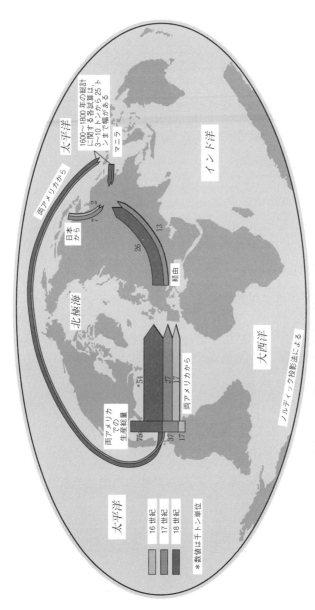

図 3-2 世界の銀生産、輸出、受取、16〜18世紀
出典：アンドレ・グンダー・フランク (2000)：266.

一方，中南米で生産された銀は2つのルートで世界を廻った。スペイン治下の中南米で生産された銀はまずメキシコに集められ，一部はヨーロッパに，一部は太平洋を介して直接，アジアに輸送された。中南米からヨーロッパに流れた銀はヨーロッパ社会に大きな変化を与えた。おりから西ヨーロッパでは人口増大に伴い，食料品などの価格が上昇していたが，アメリカ大陸から銀が多量に流入することで，さらに物価上昇を後押しすることになった。いわゆる価格革命と呼ばれる現象である。

　さらに，ヨーロッパに流入した銀の一部はアジアに向けて再輸出された。それは香辛料などをアジアから輸入する手段としてであった。旧来からのルートである西アジアを経由した地中海貿易では，アジア産品を購入する手段としてアメリカ大陸の銀が用いられることになった。さらに，ポルトガル船団がアフリカ大陸南端の喜望峰を経由して直接アジアに向けて船団を送るようになっていたので，こうしたポルトガル船団もアメリカ大陸の銀をヨーロッパから持ち出したのである。17世紀になると，オランダやイギリスなどの東インド会社もアジアへ船舶を送ったが，それらの船には多量の銀が荷積みされていた。もちろん，この銀もアメリカ大陸で生産された銀がヨーロッパ内を廻り，最終的にオランダやイギリスの手でヨーロッパからアジアへ輸出されることになったのである。

　ヨーロッパからの銀がアジアに香辛料などの決済手段として入ると，アジア域内の貿易活動を活性化させることにもつながった。ヨーロッパ人が銀を持ち込むので，それに対してヨーロッパ人向けの商品生産が拡大される。そしてアジア社会に入った多量の銀を手にした人は旺盛な購買力をもって，アジアの他の地域で生産された商品を購入し，消費する。こうしたプラスの循環がアジアで達成されたのである。最終的には，銀は特にインド亜大陸と中国に流入し，これらの地域の経済活動はもとも

と盛んであったが，さらに刺激を与えることとなった。

　ちなみに中南米から太平洋を経由してアジアに流入した銀は，いわゆるマニラ・ガレオン貿易船で運ばれた。1565年に始まるマニラ・ガレオン貿易は，メキシコの太平洋に面したアカプルコとスペイン治下のマニラとを連絡する貿易であり，銀はアカプルコからマニラに輸送された。マニラに到着した銀はアジア各地，とりわけ中国へと流れていったものと考えられるが，ともあれ，16世紀に開発・生産されたアメリカ大陸の銀が太平洋貿易を促進させ，さらにアジア経済を発展させる原動力となったのである。

3．アジア域内貿易

(1) 商業の時代

　先にも述べたように，アジア各地は，ヨーロッパ人が喜望峰を経由してアジアに到来する以前から，「大交易時代」とも呼ばれる経済的ブームにあったことが現在では知られている。シナ海世界は中国商人の活躍の場であり，とくに巨大な人口を抱える中国経済を背景にして，朝鮮半島から，中国，日本，琉球を経て東南アジア各地にまでひとつの経済圏を構築していた。たとえば倭寇の活躍などというものが知られるが，彼らはこうした活発なシナ海経済圏を背景にして存在していたのは確かなことであろう。

　インド洋地域も同様にインド亜大陸の経済力を背景にしつつ，さらには西アジアのアラブ人やペルシア人（イラン人）のムスリム商人の貿易活動によって，広範囲の海上貿易活動が行われていた。彼らムスリム商人のネットワークは東南アジアにまで伸びており，イスラーム教の布教とともに，環インド洋地域との商業活動が行われていた。

　東南アジアは，こうしたシナ海経済圏とインド洋経済圏の中間地帯に

あり，どちらの経済圏も海上貿易で栄えると，必然的に東南アジアでも商業活動が盛んとなった。東南アジア史家のアンソニー・リードは，15世紀半ばから17世紀半ば過ぎまでの時代を東南アジアの「商業の時代」と呼んでいる。東南アジアは，綿布を南アジアからの供給に依存し，一方，東南アジアの香辛料は南アジアや西アジアに輸出されていた。また，東南アジアの香辛料などは東アジアにも輸出され，磁器や各種の手工業製品などが東南アジアへ輸出された。このように東南アジアはヨーロッパ人の来航以前にすでに「商業の時代」に入っていたのである。ポルトガル人をはじめとしたヨーロッパ人の参入は，それ以前からの商業ブームに拍車をかけることになった。

（2）　アジア域内貿易

　ポルトガルのアジアへの進出の目的は，喜望峰経由で安価に胡椒をはじめとした香辛料を入手することであったが，時間の経過とともに，その性格は次第に変化していった。アジア各地に拠点を築き，そこを植民都市とした。カトリックを主体とした植民地文化を創り上げるとともに，現地人女性との結婚を通じて，混血児が生まれ，彼らが数世代を経ることで独自のエートスをもった集団が創出された。アジア人の血が濃いものの，アイデンティティとしてはポルトガル人であった。カトリックの信仰はもちろん，ポルトガル語やポルトガル的な服装，食生活などを維持していった。こうした混血児が海域アジア各地のポルトガルの拠点に居住していたのである。

　このようなアジアに根をおろしていったポルトガル人は，アジア域内の貿易にも従事した。海域アジアに彼らの拠点が点在しているので，その拠点を結ぶ貿易を試みたのである。もちろん，ポルトガル人の到来以前からアジアの海では商業活動が盛んであったので，彼らは既存のアジ

ア域内貿易に新規に参入したということになる。それはまた，従来の秩序に再編を迫ることでもあったので，軍事力の行使はある意味，必然であった。そうしたなかで，全体として海域アジアでは，商業をベースとした経済発展が大航海時代の開始後にも継続していったのである。

参考文献

・伊藤章治（2008）『ジャガイモの世界史─歴史を動かした「貧者のパン」─』中公新書
・中西聡（2010）「東西世界の融合─インターリージョナル・ヒストリーの時代─」，金井雄一，中西聡，福澤直樹編『世界経済の歴史─グローバル経済史入門─』名古屋大学出版会
・アンドレ・グンダー・フランク（2000）『リオリエント─アジア時代のグローバル・エコノミー─』（山下範久訳）藤原書店
・デニス・フリン（2010）『グローバル化と銀』（秋田茂，西村雄志（編））山川出版社
・チャールズ・C・マン（2016）『1493─世界を変えた大陸間の「交換」─』（布施由紀子訳）紀伊國屋書店
・家島彦一（1993）『海が創る文明─インド洋海域世界の歴史─』朝日新聞社
・山本紀夫（2008）『ジャガイモのきた道─文明・飢饉・戦争─』岩波新書
・アンソニー・リード（2002）『大航海時代の東南アジア─1450‐1680年─』I，II（平野秀秋，田中優子訳）法政大学出版局
・Crosby, Alfred W.（1972）*The Columbian Exchange: Biological and Cultural Consequences of 1492*, Greenwood Press.

4 | 近世グローバル経済と日本

島田竜登

《**目標＆ポイント**》 17世紀には，オランダやイギリスなどが大西洋貿易や東インドの貿易に本格的に参入し始めた。そのなかでも，オランダ東インド会社は，アジアとの貿易のほか，アジア域内での貿易にも参入し，アジアの本格的なグローバル・エコノミーへの参加を導いた。本章では，日本の鎖国体制下での海外との経済的結びつきをはじめ，アジアとヨーロッパとの関係の深まりとその経緯を探る。

《**キーワード**》 オランダ，大西洋三角貿易，奴隷貿易，オランダ東インド会社，アジア域内貿易，アジア＝ヨーロッパ間貿易，長崎貿易，鎖国，勤勉革命

1. 近世ヨーロッパと世界経済

（1） オランダの台頭

　16世紀半ばを過ぎると，スペイン＝ハプスブルク家の支配下にあったネーデルランドがスペインからの独立を唱えて，反乱を起こすようになった。ネーデルランド南部にあるフランドル地方は中世以来，毛織物工業が盛んであったが，その利益は本国のスペインの手にあったため，1558年以降ネーデルランド独立戦争が始まった。いわゆる80年戦争である。

　1576年にフランドル地方の中心都市アントウェルペンがスペインの攻勢で陥落したのち，アントウェルペンのプロテスタントの商工業者，さらにはフランスからユグノー，スペイン・ポルトガルからユダヤ人等がネーデルランド北部のホラント州（日本語での「オランダ」の語源と

なる。以下ではホラント州を中心としたネーデルランド北部をオランダと称する）に移住し，オランダは羊毛産業の一大生産地となったのである。さらに，オランダの中心都市であるアムステルダムには様々な商人が集まり，アムステルダムは西ヨーロッパの一大中心商業センターとなった。アムステルダムから北海・バルト海に行けば北欧やバルト海諸国があり，南はフランスや地中海ともつながっている。さらに，ライン川をさかのぼればヨーロッパの内陸諸都市とも結ばれているという地の利があった。まさしくアムステルダムはヨーロッパ海上貿易ネットワークにおいて第一の結節点となったのである。

　1602年にはオランダのアムステルダムに証券取引所が，1609年にはアムステルダム振替銀行が設立された。貿易ばかりでなく，商業取引のための比較的近代的な機関も整備され，ヨーロッパ商業取引の中心地ともなった。また，1602年のオランダ東インド会社設立は重要である。オランダはヨーロッパ経済の中心であるばかりか，世界貿易の一大センターとなった。1581年にはスペインの支配を実質的に脱し，独立したが，独立後のオランダには王室は存在せず，オランダ各州からの代表者から構成されたオランダ連邦議会が最高統治機関であり，一種の共和制を敷いていた。かくして，様々な近代的な制度が導入され，J・ド・フリースらによれば，最初の近代経済はオランダで確立されたとも言われる所以である。

（2）　大西洋三角貿易

　15世紀末以降にアメリカ大陸へ進出したスペインやポルトガルに続いて，17世紀にはオランダばかりか，イギリスやフランスもアメリカ大陸に進出し，アメリカ大陸に植民地を形成していった。もちろん彼らは北アメリカ大陸へも進出したが，当初は中南米への進出が経済的には

より重要であった。

　中南米では特に奴隷労働力を用いたサトウキビのプランテーション栽培が行われるようになった。この奴隷労働力はアフリカ大陸西岸から連れてこられたアフリカの黒人である。ヨーロッパ商人は，アフリカ大陸西岸にヨーロッパ製の銃，ビーズなどの雑貨，あるいはアジアからヨーロッパに輸入した貝貨や綿布を持ち込み，現地社会の首領たちから黒人奴隷を購入した。彼ら奴隷は，奴隷船と呼ばれる奴隷運搬用の帆船で，劣悪な環境のもとで大西洋を渡り，アメリカ大陸にたどり着いた。アメリカ大陸ではヨーロッパ人が砂糖プランテーションを経営しており，こうしたプランテーション経営者が黒人奴隷を購入し，砂糖生産に酷使したのである。

　こうして生産された砂糖はヨーロッパに輸出され，消費されたのであった。16世紀にポルトガルがブラジルで開始した砂糖プランテーションが始まりだといわれるが，次第にスペイン，オランダ，イギリス，フランスの植民地でも黒人奴隷を使役したプランテーション栽培が盛んとなっていった。なお，アメリカ大陸で黒人奴隷を酷使して生産された商品は砂糖だけに限ることなく，例えば，タバコもあれば，砂糖を用いて製造したラム酒もある。カカオ豆や，のちにはコーヒー豆も栽培されたし，アメリカ合衆国南部では綿花栽培もあった。いずれも，こうしたプランテーション栽培で生産された商品はヨーロッパへ輸出することを目的としていたのである。

　このように，アフリカ，アメリカ，ヨーロッパを結ぶ貿易は，大西洋三角貿易と呼ばれ，16世紀以降19世紀に至るまで継続し，ヨーロッパ商人に富をもたらしたのであった。だが，この大西洋三角貿易は近世ヨーロッパが営んだ世界貿易の両翼のひとつであるにすぎなかった。西ヨーロッパは，もうひとつの世界貿易，すなわちアジアとヨーロッパをつな

ぐ貿易にも本格的に参入していた。その一例として以下ではオランダ東インド会社のアジア貿易についてみてみよう。

2. オランダ東インド会社

（1） 史上初のグローバル・カンパニー

1602年にオランダ東インド会社が設立された。この会社はアジアとの貿易を行う特許会社にして独占会社であった。オランダ連邦議会が特許を与え，オランダではこの会社のみがアジアとの貿易を独占的に行うことが許されたのである。イギリスはすでに1600年に東インド会社を設立していたが，規模はオランダには到底かなわず，永続性の保証もない状況であった。イギリス東インド会社がオランダ東インド会社に対抗しうる力を持つのは18世紀後半になってからである（表4-1参照）。また，17世紀から18世紀にかけては，フランスやスウェーデンなどでも規模は小さいが東インド会社が設立された。いずれも，当該国で唯一アジアとの貿易を許された会社であった。

表4-1　3つの東インド会社の年平均販売額（単位はリーブル）

	フランス	イギリス	オランダ
1725 - 29	7,725,750	22,724,000	39,074,228
1730 - 34	13,544,675	22,908,000	33,976,680
1735 - 39	14,834,392	21,781,000	33,171,180
1740 - 44	19,002,973	22,862,000	28,775,172
1745 - 49	4,477,771	22,057,000	37,797,916
1750 - 54	21,086,301	25,783,000	38,394,482
1755 - 59	9,561,290	22,494,000	36,910,888
1760 - 64	10,489,009	25,346,000	38,963,494
1765 - 69	14,986,672	42,642,000	45,206,294

出典：フィリップ・オードレール（2006）：58.

オランダ東インド会社は株式を発行するとともに，株主や取締役は出資額以上の責任を負わぬ有限責任制が導入された。その意味でも近代的な株式会社の先駆けとも呼べる存在であった。もっとも，株主が出資額に応じて会社の意思決定に参加する，現在でいえば株主総会に当たる仕組みは整っておらず，有力出資者を中心に意思決定がなされるという寡頭制的性格を持つ組織であったことは注意を要する。それゆえ，史上初の株式会社ともいえなくはないが，株主の出資額に応じた意思決定への参加という点においてはいまだ過渡的な段階にあり，オランダ東インド会社は1799年の解散まで寡頭制的意思決定システムに大きな変更はなされなかった。

近代的な株式会社としては過渡的性格を持っていたオランダ東インド会社であったが，もうひとつ史上初とも呼べる点がある。それはグローバル・カンパニーとしての側面である。オランダ東インド会社はヨーロッパとアジアをまたにかけ，非常に広範な地域で貿易活動に従事したことは，グローバル企業としての性格を有していたといえるだろう。さらに，会社の構成員が多国籍であったことも興味深い。オランダ人ばかりでなく，ドイツ人やスウェーデン人といった多数のヨーロッパ人が会社のために働いたほかに，様々なアジア人も会社の業務に従事した。例えば，中国人やインド人ムスリムの水夫がオランダ東インド会社船に乗り込んでいたし，インドネシア諸島出身の兵士もいた。また，会社の城砦を構築するにあたっては，様々な出自を持つアジア人奴隷がその仕事に当たっていたのである。

言葉や宗教，生活習慣の異なる様々なヨーロッパ人やアジア人が会社の構成員となっており，文化摩擦の問題がいつなんどき発生してもおかしくない状況で，会社は運営されていたのである。この意味でも，オランダ東インド会社は，現在のグローバル企業が抱える内部統制上の国際

問題に匹敵する課題を内包する会社であったといえるだろう。そこで，史上初のグローバル・カンパニーであったオランダ東インド会社による，17世紀から18世紀にかけてのヨーロッパ・アジア間をつないだ貿易活動を検討してみよう。

（2） ヨーロッパ＝アジア間貿易

　オランダ東インド会社の設立の目的は，ヨーロッパ市場が必要とするアジア商品を自身で入手することであった。当初は，胡椒，ナツメグ，メース，クローブ，シナモンといった香辛料を入手することが必要とされた。時間の経過とともに，砂糖やコーヒー，茶，綿布などがアジアからヨーロッパに輸入される主要商品となっていった。こうしたヨーロッパとアジアを結ぶ貿易はヨーロッパ＝アジア間貿易（Euro-Asian trade）と称される。

　これらの商品を手に入れるためには，次の2つのことが必要であった。第一には，アジア産品を獲得するための支払手段である。オランダ本国からアジア市場に向けて輸出することのできる商品としては毛織物があったが，熱帯の多いアジア市場では毛織物の需要はたかが知れていた。そこでヨーロッパから持ち出したのが銀であった。もちろんこれはアメリカ大陸からヨーロッパに渡った銀が中心であり，かくてヨーロッパからアジアへ再輸出されることになったのである。現実に，ヨーロッパ本国からアジアへの輸出品の中心は，銀であった。言い換えれば，ヨーロッパ市場が必要とするアジア商品を入手するため，オランダ東インド会社は銀をヨーロッパから送り続けなければならなかったのである。

　ヨーロッパとアジアとを結ぶ貿易を円滑に行うためには，ヨーロッパ市場向けの商品を購入し，輸出可能な時期まで商品を保管する拠点が必要であった。オランダ東インド会社が入手したい商品は主に農作物であ

ったから，収穫の時期は年間のうち特定の季節に限られる。一方，オランダ東インド会社がアジア商品を積みだす場合には船舶を利用するのが当然であるが，帆船の時代なので年間を通じて風向きの変化する季節風を利用せざるをえず，積み出しの時期は限られてくる。収穫と積み出しの時期が一致すればよいが，そうでない場合，商品保管のための倉庫が必要となったのである。そのため，オランダ東インド会社はアジア各地に多数の商館を設置することになった。

（3）　アジア域内貿易と近世アジア経済

　ヨーロッパ＝アジア間の貿易を円滑に行うために，銀を多量に持ち出さざるをえなかったこととアジア各地に多数の商館を設置しなければならなかったことは，何もオランダの東インド会社だけでなく，イギリスやフランスの場合も同様であったし，そもそも 16 世紀からポルトガル人たちが行ってきたことであった。しかし，オランダ東インド会社は一個の組織たる会社として，アジア域内貿易（Intra-Asian trade，アジア間貿易とも呼ぶ）にも従事していたことは，ポルトガルやのちのイギリスやフランスの場合とは大きく異なっている。

　オランダ東インド会社が最大の利益を得るには，まずもってヨーロッパから持ち出す銀の量を減らすことが肝要であった。そこでオランダ東インド会社はヨーロッパからアジアに到着した銀をヨーロッパ市場向け商品購入のためにすぐには用いず，はじめにアジア域内の貿易に銀を投下した。当時，先進地域であったオランダの経済力を背景に，オランダ東インド会社は資本力が大きかったので，多数の船舶を所有し，多くの城砦を築くことが可能で，アジア内での商館網はもっとも充実していた。そこでバタヴィアを中心にアジアに設置された商館間を結ぶ域内貿易に積極的に参入したのである（図 4 - 1 参照）。

もちろん、こうしたアジアの域内貿易はヨーロッパ人がアジアに到来する以前にはアジア人商人によって担われていた貿易活動であった。ともあれ、アジア域内貿易に参入し、そこでの利益をヨーロッパ市場向け商品の購入に充てた。結果として、オランダ東インド会社は、ヨーロッパから持ち出す銀の量を減らし、かつ一定量のアジア商品をヨーロッパに持ち帰ることに成功したのである。

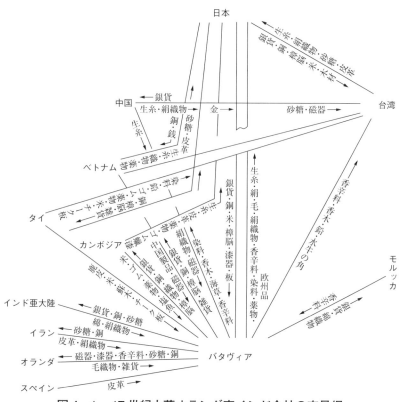

図4-1　17世紀中葉オランダ東インド会社の交易網
出典：科野孝蔵（1984）：12.（地名表記を一部改めてある）

つまり，ヨーロッパ＝アジア間貿易とアジア域内貿易の双方に従事し，有機的に結合させることで，アジア商品を最も安価にヨーロッパにもたらすことを可能にさせた。この有機的結合は，資本力や軍事力の劣るイギリスやフランスの東インド会社や一体性に欠如するポルトガルには真似のできないことであり，オランダ東インド会社の優位を確実なものにさせたのであった。

3. 長崎貿易と近世日本

（1）長崎貿易

　日本では，1630 年代から 1640 年代にいわゆる鎖国の制度が整い，長崎ではオランダ船と中国船だけが来航できるようになった。日本人の海外渡航は 1635 年に禁じられたので，長崎に海外から到着するオランダ船と中国船を待つのみとなった。当初，日本が輸入した主な商品は生糸である。中国製ばかりか，ベトナム北部やインド亜大陸のベンガル地方からも輸入されていた。そのほかにもタイ（シャム）から，鹿皮，鮫皮，蘇木などといった商品が日本に輸入された。日本の輸出品としては当初は銀が中心であったが，次第に日本の銀生産の停滞で銀の輸出が幕府によって制限されるようになり，17 世紀後半には金ならびに銅が主たる輸出品となった。とくに日本の銅の輸出は多量であり，18 世紀初め以降，江戸時代を通じて銅は日本の輸出の代表商品となった。また，18 世紀後半には中国に俵物・諸色といった海産物が盛んに輸出されたのであった。

　日本の輸出品のうち，17 世紀の輸出品の中心であった銀，18 世紀以降の輸出品の中心であった銅は，いずれも最終輸出先をほぼ中国とインド亜大陸としていた。つまり中国船は主として日本の銀や銅を中国に運び，オランダ東インド会社船は日本の銀や銅をインド亜大陸に向けて輸

出したのである。中国もインド亜大陸もいずれも当時，世界で最も経済的に先進地域であった。中国が日本向け生糸，インド亜大陸が東南アジア向け綿織物を輸出する代わりに，貨幣素材である銀や銅を日本から吸収したのであった。

オランダ東インド会社の場合は，インド亜大陸で購入した綿布を東南アジア各地で売却する。そして東南アジアの砂糖や鹿皮といった商品を日本に輸出し，日本からは銀や金・銅を輸入し，インド亜大陸に運んだ。オランダ東インド会社はこうしたアジア域内貿易から利益を得て，それをヨーロッパ市場向けの商品購入にあて，本国から持ち出す銀の量を減らすこととしていたのである。いずれにせよ，長崎貿易にはオランダが参加するとはいえ，その実態は中国やインド亜大陸を代表とするアジア各地と日本との貿易であり，アジア域内貿易の一端であったのである。

（2）鎖国

近年の歴史学研究では，江戸時代の鎖国について見直しを迫る議論が続いている。鎖国とはいえ，完全に日本が国を閉ざしたわけではない。経済の面で見ても，近世日本は，幕府の直轄都市であった長崎のほか，薩摩藩，対馬藩，松前藩を通じても日本国外と貿易関係を築いていた。すなわち，薩摩藩が琉球を通じて中国に，対馬藩が朝鮮を経由して中国に，松前藩がアイヌとの交易を通じ，さらにアイヌが北方の山丹交易を通じて中国と経済的につながっていたのである。以上，長崎など4つの貿易拠点は日本史では「4つの口」と呼ばれており，日本と海外を結ぶゲートウェイとしての機能を果たしていた。

もっとも日本経済が完全に国外と結びついていたわけでもないことには注意を要する。近世日本と海外との貿易は基本的に幕府の統制下に置かれた管理貿易であり，ほぼすべての期間にわたって，自由な貿易が許

されたのではない。17世紀には糸割符制度が導入され，長崎で輸入された生糸は特定の商人のみが買い上げることになっていた。また，17世紀後半になると，次第に主たる輸出品であった銀や銅の生産不足から輸入に制限がかかるようになった。輸入に制限がかかる以上，これまで輸入に依存していた商品は国産化が目指されるようになった。18世紀には生糸の国産代替化が実現していったことが好例である。

　また，18世紀後半から日本は幕府の主導で銅を輸出する代わりに銀や金を輸入するようになる。これまでの日本が金銀の輸出国であったことを考えると大きな変化であった。いずれにせよ，鎖国は完全になかったとするのは言い過ぎであり，外交はもちろん，貿易に関しても幕府，ないしは幕府の下にあり，国際関係を取り結ぶことを認められた諸藩の政策も左右される状況にあったのである。

（3） 近世日本の経済

　1603年に江戸幕府が開かれた当初は九州各地を中心に海外貿易は盛んであったが，幕府の機構が整備され，かつ次第に鎖国の制度が整うと，海外との貿易が幕府や特定の藩だけが行えるものへと変化した。そのため，旧来，国際商業に従事していた人々は，農業への従事へとシフトせざるをえなくなった。また，幕府や各藩は年貢という農業生産物を税として取り立てているため，天領や藩内の農業生産の奨励に努め，年貢の増収を企図するようになり，日本各地で灌漑などが整備され，新田が開発されていった。17世紀の日本は耕地面積が拡大し，それに応じて人口が増大したとされる時期である。人口数は約2倍から2.5倍程度に17世紀を通じて拡大したと考えられている。

　しかしながら，18世紀に入ると耕地面積の拡大は止まり，人口も約3,000万人程度に落ち着くことになった。もっとも，江戸時代の人々は

このような 18 世紀や 19 世紀前半にも労働投入量を増加させ，生活水準を向上させた。第 13 章でも触れるが，日本経済史家の速水融は，この 18 世紀における労働集約的な生産性の増大を勤勉革命（industrious revolution）が日本で起きたと仮説的に論じている。これは，ほぼ同時期である 18 世紀後半から 19 世紀前半にかけてイギリスで起こった資本集約型の産業革命（industrial revolution）に匹敵する生産革命が日本で生じたという議論である（図 4-2 参照）。

18 世紀から 19 世紀前半にかけて，日本で 1 人当たり労働投入量が増加したというのは，労働時間が延びたのか，あるいは労働の勤勉性ないしは精度が向上したのか議論の分かれるところであり，またイギリスの産業革命に匹敵するほどの労働生産性と全体としての生産力との双方が向上したと本当に言えるのであろうかは難しいところではある。しかし，グローバル・ヒストリー的見地からは，この勤勉革命論はひとつの比較史的試みとしてある程度の魅力をもった議論であるといえる。

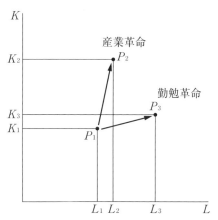

図 4-2　勤勉革命と産業革命
出典：速水融（2003）：226.

参考文献

- 荒野泰典（1988）『近世日本と東アジア』東京大学出版会
- エリック・ウィリアムズ（2004）『資本主義と奴隷制―経済史から見た黒人奴隷制の発生と崩壊―』（山本伸訳）明石書店
- フィリップ・オードレール（2006）『フランス東インド会社とポンディシェリ』（羽田正（編））山川出版社
- 科野孝蔵（1984）『オランダ東インド会社―日蘭貿易のルーツ―』同文舘出版
- 羽田正（2007）『東インド会社とアジアの海』講談社
- 速水融（2003）『近世日本の経済社会』麗澤大学出版会
- J・ド・フリース，A・ファン・デァ・ワウデ（2009）『最初の近代経済―オランダ経済の成功・失敗と持続力 1500‒1815―』（大西吉之，杉浦未樹訳）名古屋大学出版会
- Shimada, Ryuto.（2006）*The Intra-Asian Trade in Japanese Copper by the Dutch East India Company during the Eighteenth Century*, Brill Academic Publishers.

5 | アジア経済とイギリス産業革命

水島 司

《目標＆ポイント》 17世紀以降のヨーロッパとアジアとの経済的なつながりは，主にインド産綿布とそれへの対貨としての金銀地金交易として展開した。とりわけ大きなインパクトをもったのはインド綿布であり，そのヨーロッパへの流入は，インド綿布に対抗しようとするヨーロッパ諸国，とりわけイギリスでの技術革新に刺激を与え，最終的には産業革命を導いた。そして，イギリスは，インド綿布の市場を奪うだけでなく，世界市場を制覇していった。本章ではその過程を見る。

《キーワード》 アジア産品，香料，インド綿布，東インド会社，ヨーロッパでのインド綿布規制，アジアへのキャッチアップ，産業革命，イギリス綿布の世界市場制覇，インド綿布の市場喪失

1. 世界経済の成長の両輪
―大西洋経済圏とインド洋経済圏―

　南北アメリカの新たな開発は，ヨーロッパおよびアフリカから南北アメリカへの大量の人の移動を導き，大西洋経済圏を大きく成長させた。他方，インド洋においても，香料交易の盛衰を経て，インド綿布が最重要の商品となり，北西ヨーロッパ諸国で東インド会社が続々と設立された。

　大西洋経済圏の発展は，第3章『銀と大航海時代』で扱われた南北アメリカでの銀鉱山発見および銀のグローバル・ネットワークの形成と深く関係する。しかし，初期の銀を中心としたネットワーク形成の時期を

過ぎると，大西洋を挟む両地域がリンクした形で大きく発展し，大西洋経済圏と呼ばれる世界の成長センターが出現し，その後20世紀に至るまで，世界経済を牽引する存在となっていく。

その過程を辿ると，まず南北アメリカへのヨーロッパおよびアフリカからの人の大量移動（人の移動に関しては第9章『開発の進行と人の移動』）が同地域の人口増大を招き，消費地としても重要性を増大させた。また，綿花，タバコ，穀物栽培の拡大は，同地域にイギリスの綿業への原料供給地，労働者への安価な食料供給地としての役割を与えた。19世紀に入り産業革命が本格的に展開する中で，大西洋経済圏は大きく成長したのである。

大西洋経済圏と並んで重要な経済圏となり，イギリスの経済成長を支えたのは，インドを中心としたインド洋経済圏であった。しかし，それは，大西洋経済圏のように新たに創出されたものではなく，古くから活発な交易圏として機能してきた空間であった。その場合，交易の中核にあったのは，インド綿布であった。

インド綿布は，その高い品質とデザインにより圧倒的な市場競争力をもち，インド洋経済圏の主要交易品となっていたが，17世紀に入ってのヨーロッパ勢力のアジア市場への参加により，益々その重要性を高めていた。

インド綿布を獲得するための対貨としてヨーロッパの商業関係者が持ち込み得たのは，金銀地金であった。インドの有力者へのみやげとして意味のあった置き時計のような奢侈品は，有力者への贈答品としての価値はあっても，大量の取引の対象とはなりえず，ヨーロッパの羊毛製品も，長い航海で劣化し，インドに到着したときには既にボロくずとなっていたと言われる。金銀以外，ヨーロッパが持ち込んで売れるようなものはなかった。

こうした貿易の特徴を示すフレーズとして，Bullion for Goods という句がある。「地金による商品入手」を意味するこの句は，ヨーロッパが綿布を獲得するには，地金以外の商品しかなかったことを表現する。近世までのアジアとヨーロッパの関係を象徴していると言って良いかも知れない。

以下，本章では『アジア経済とイギリス産業革命』というテーマで，イギリス産業革命とインド洋経済圏との関係を，その中心となった綿業を中心に見ていくこととする。

2. 香料から綿布へ

16 世紀までのインド洋交易は，第 4 章『近世グローバル経済と日本』にあるように，香料貿易が大きな比重を占めていた。16 世紀以降，モルッカ諸島の香料を求めて，ポルトガル，スペイン，オランダ，イギリスなどの国々がアジアに赴き，互いに競いながら香料をヨーロッパへ運んだ。香料貿易で独占的な地位を築いたのは，オランダであった。オランダは 1602 年にオランダ東インド会社を設立し，1619 年にはバタヴィア（ジャカルタ）に根拠を置いてモルッカ地域を攻略し，香料貿易を独占した。その際大きな契機となったのは，インドネシアのアンボン島で 1623 年に起こったオランダ，イギリス両国商館員間の紛争であり，この事件をきっかけにしてイギリスは香料貿易から撤退せざるを得ず，インドでの商業活動に専念することとなった。

イギリスにとって幸運なことに，香料の時代は 17 世紀前半までであった。香料は，英蘭両東インド会社の本国輸入の内，17 世紀の前半では 70 ～ 75% を占めていたが，その後の価格の低落によって，17 世紀の終りには 20% に低下してしまった。17 世紀後半からのインド洋交易の主役は，インド綿布に交代した。

インド綿布は，インド洋世界で広汎に取引されていた。東南アジアへのインド綿布は，物産を取引する際の貨幣代わりにも使われ，またアフリカへもインド綿布が送られ，アフリカから西インドへ運ばれる奴隷の衣料としても用いられた。もちろん，インド綿布への需要はヨーロッパにも広がり，大きなブームとなった。ヨーロッパ各国では，続々と東インド会社が設立され，インド亜大陸での綿布獲得に向かった。ヨーロッパの商業勢力の内，オランダ東インド会社は，第4章で扱われているように，ジャワ（バタヴィア），長崎，台湾，ベンガル，マラバル，コロマンデルなどに交易拠点を設けた。

オランダ東インド会社のヨーロッパへの輸入品構成を見ると，17世紀中は胡椒が大きな割合を占めていたが，18世紀に入ると綿布が圧倒的となる。南インドのプリカット，ナーガパッティナムなど，コロマンデル地域を拠点とした綿布交易が盛んに行われ，コロマンデル地域だけからの輸出額でも，17-18世紀を通じてほとんどの年で100万フローリンを超えていた。この綿布購入のための対貨は地金であった。オランダ東インド会社によるアジアへの地金輸出額は，17世紀末から大きく増大し，18世紀中は毎年300万から600万フローリン以上に及んだ。

イギリス東インド会社のインド交易も，基本的にはオランダ東インド会社と同じパターンで展開した。1600年に発足した会社は，アンボン事件後インドを主な交易地域とし，カルカッタ，マドラスその他に交易拠点を築き，大量の地金をインドへ運び，インド綿布をヨーロッパへ運び込んだ。大西洋経済圏との大きなつながりをもったイギリスにとってのアジア交易の位置は，図5-1が参考になる。18世紀初頭のイギリスの輸入品目構成に占めるアジア産品の割合を見ると，綿布，アジア産の胡椒，生糸，新世界産の砂糖，タバコ，西欧からの亜麻布・繊維，南欧からの酒，生糸などがあり，中でも綿布がかなり大きな割合を占めてい

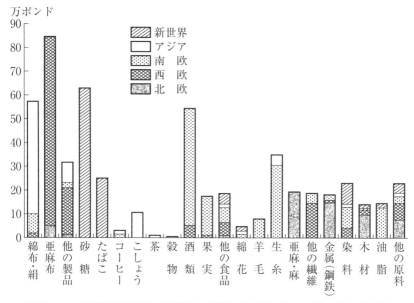

図5-1　18世紀初頭のイギリスの輸入品目構成とアジア産品の割合
出典：松井透（1991）：127．

たことが見てとれる。また，イギリスのアジア交易への対貨は，やはり地金が中心であり，このような状況は，フランスその他のヨーロッパ各国の東インド会社も同様であった。

3．インド綿布のヨーロッパへのインパクト

（1）圧倒的な市場競争力

このようなインド綿布の大量流入は，ヨーロッパの製造業に大きなインパクトを与えた。そもそも，17-18世紀を通じて，なぜヨーロッパ各国の東インド会社は，地金をインドへ運び，インドから綿製品を輸入しなければならなかったのか。それは，一言で言えば，インド綿製品が

ヨーロッパ製品に対して，圧倒的な市場競争力を有していたからである。まず，品質と機能について，インド綿布は洗濯しやすく着心地がよい，温度調節がきく，薄手である，また色が鮮やかでデザインも圧倒的に優れている，そして，第2章『アジアとヨーロッパ―経済発展の国際比較―』で述べたように，価格競争力があった。ヨーロッパの製造業は劣位にあり，産業革命が本格化するまで，ヨーロッパ市場はインド製品に圧倒されていたのである。

　このような状況の中で，ヨーロッパ各国は，自国産業の保護に向かわざるを得なかった。1686年にはフランスでインド産キャリコの輸入が禁止され，1700年にはフランドル（オランダ南部）が，1701年にはイギリスがそれに続いた。イギリスでは，さらに1721年にキャリコの着用を禁止する程であった。

　しかし，ヨーロッパのインド綿布への対応は，国内産業の保護だけではなかった。インド製品への技術的キャッチアップを図り，輸入代替を遂げ，さらには大量生産技術の確立によって輸出へ向かい，最終的にはインド製品を駆逐して世界市場を制覇したのである。

（2）　インド綿布の模倣と技術革新

　ヨーロッパのキャッチアップの過程を明らかにした研究として，ベヴリ・ルミア（2006）がある。それによれば，この過程は次のように進んだ。イギリスの繊維産業では，在来の亜麻工業の技術を生かし「ヨーロッパの木綿」と呼ばれるファスチャンを生産していた。ファスチャンとは，経糸に亜麻糸を使う布であるが，極めて厚手で着心地はインド産綿布とは較べものにならなかった。ヨーロッパの紡ぎ車では，純綿に必要な強くて細い綿の経糸を紡ぐことができなかったことが，技術的背景としてあった。17世紀に入って東インド会社を通じてインドから薄地で

色鮮やかなキャリコが大量に輸入されて大流行すると，在来の繊維産業は大きな打撃を受けた。しかし，イギリス繊維産業は，輸入禁止・使用禁止という手段をとっただけではなく，インドに追いつけ，追い越せと，インド綿布の模倣に始まり，技術革新による輸入代替工業化へと進んだ。

インド綿布の模倣は，17世紀後半に，ホラント，ランカシャー，ノルマンディー，アルザスなどヨーロッパ各地で始まった。しかし，そこには，二つの技術的な問題，すなわち素材と色柄の問題が立ちはだかった。素材については，ごわごわとした亜麻糸を用いた厚手のファスチャンでは，薄手の着心地良いインド綿布には対抗できなかった。綿はレヴァントから輸入されていたが，レヴァント綿はインド綿と同様に短繊維であり，強い経糸をヨーロッパの紡ぎ車は生産できなかった。また，インドの手紡ぎ工のように高度な技で細くて強い糸を紡ぎ出す技術もなかった。

素材の問題は，しかし，大西洋経済圏の発展によって解決された。繊維が22-28ミリと長くて細いアメリカ綿の輸入により，ヨーロッパの技術水準でも純綿織物に必要な強い経糸が生産可能となったからである。ランカシャーでは1710年代に西インド綿に転換し，「イングランドのキャリコ」が出現し，1730年以降はファスチャン部門においても純綿化が進行した。

色柄問題については，染色に大きな壁があった。動物性繊維の毛織物や絹は着色がよいが，植物性繊維の亜麻や木綿の着色は難しいからである。インド製キャリコは，着色困難な植物性繊維に，捺染などにより，美しい色と模様を施す技術が卓越していた。そのため，ヨーロッパ諸国は17世紀末から模倣を試み，フランス東インド会社は，南インドの植民地ポンディチェリに化学者を駐在させ，秘密を探らせていたと言われている。

キャリコの染色が優れていたのは，染料が，東洋あかね，インディゴ（藍），コチニール（エンジ），ロッグウッド（黄）などのインドの特産品によるものであったからである。ヨーロッパ産の染料は，鮮やかさにおいてこれらに劣るものであった。この問題は，しかし様々な化学上の試みによって克服された。トルコ赤，カドビアなどを用いることにより，鮮やかな発色が実現されたからである。

これらを用いての染色は，ナントの勅令の廃止（1685）で信仰の自由を奪われたユグノーの移動にともない，ヨーロッパ各地に伝播した捺染技術と結びついた。東インド会社の進出以前から中東経由でヨーロッパに伝えられていた捺染技術が，アメリカの長繊維綿，ヨーロッパ産染色材料，デザインの改良と合体し，さらにキャリコ禁止法などの政策に支えられてインド綿布と対抗しうる製品の生産が実現したのである。

（3） 逆転：綿布市場の奪取

ヨーロッパ綿布は，こうしてインドに追いついた。しかし，そこにとどまらず，さらに追い越す過程を歩み，輸入代替工業化から輸出指向型工業生産へと転換していった。その原動力は量産技術であり，産業革命と呼ばれるものである。飛び杼から力織機に至る量産技術は，19世紀に入ってアジアとヨーロッパの逆転を生んだ。図5−2は，東西綿布交易の逆転の推移を示したものであるが，ヨーロッパにおける量産技術の下で，インド綿布が凋落していく事態が示されている。東インド会社の競りでは，1770年代に一反35−55シリングの値をつけていたインド綿布が，1806年には15シリングがやっとという有様であり，インド産綿布はヨーロッパ市場から姿を消した。それに代わって，イギリスが綿業を中心にして急速な経済発展を遂げ，世界の経済発展を牽引していくことになった。

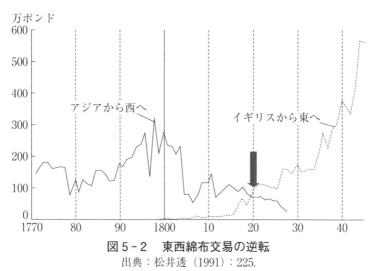

図 5-2 東西綿布交易の逆転
出典：松井透（1991）：225.

4. インド綿布の東南アジア市場の喪失

　イギリス綿製品が世界を席巻していく中で，インド綿布はヨーロッパ市場だけではなく，インド洋経済圏の市場も，次第に喪失していった。その過程について，リード〈Reid (2009)〉により，東南アジアにおいて，インド産，ヨーロッパ（イギリス）産，地域（東南アジア）産のそれぞれの綿布生産と消費がどのように変化し，それぞれのバランスはどのように動いたのかを見ておく。

　東南アジアでは，乾期をもつ地域（ルソン，中部ベトナム，東カンボジア，東ジャワ，中部ビルマ）で，遅くとも13世紀には綿花が栽培され，中国に輸出されていた。たとえば1600年頃に，中部ビルマから雲南に向けて，年1,000トンの綿花が送られていたと言われる。東南アジア社会では，衣服への支出が相対的に大きいが，そこでの綿布生産技術は低

かった。一人の女性が1ポンドの綿糸を紡糸するには1ヶ月かかり，織布の生産能率も低く，布幅も狭いものでしかなかった。インド綿布に生産性でも品質でも価格でも太刀打ちできなかった。

このような状況から，インドから東南アジアへは，古くから綿布が輸出されていた。トメ＝ピレスの記述では，ポルトガルのマラッカ占領（1511年）以前の数値として，マラッカに，グジャラートから5隻，南インドから5隻，ベンガルから数隻の船が毎年到着しており，60万スペインドル（以後，SDと略記）相当のインド綿布が東南アジア各地に流れ込んだようである。

16世紀には，日本，ヨーロッパ，中国からの商人が胡椒，丁字，ナツメグ，シナモン等を求めて東南アジアに参入したことから，それらの価格が上昇した。産物の対貨として，インド綿布が用いられたため，インド綿布の需要も増加することになった。1602年の数値として，インドネシアのバンダで年に7万枚の綿布が売られたが，内85%がインド産，残りがインドネシア産であった。

表5-1は，インドから東南アジアへの綿布輸入の動きを示している。1641年の176万SDを最高にして1620-50年にピークがあり，このピーク時には，毎年170万枚以上（1枚が11.5平米）がインドから東南アジアへ輸入された。一人あたり，年に1平米，サルンと呼ばれる腰巻きを2-3年に一枚購入できる数値である。都市部だけでなく，田舎でも消費され，1642年のヴィエンチャンには，毎年4万枚のインド綿布が輸入された。

東南アジアでは，18世紀末からの世界商品の生産拡大により，人々の購買力が増加していく。1780年頃からはジャワ，フィリピン，タイでの砂糖生産が，1790年頃からはスマトラでの胡椒生産が，1800年頃からはスマトラ，ジャワ，マレー半島でのコーヒー生産がそれぞれ大き

表 5-1　インドからの東南アジアへの綿布輸入　1500 - 1829

	From Coromandel		From all of India		Estimated Southeast Asia imports	
	Thousand pieces	Thousand Spanish dollars	Thousand pieces	Thousand Spanish dollars	Thousand pieces	Thousand Spanish dollars
1510 to Melaka		175		460		600
c.1600 estimate	410	430	900	940	900	940
1641 VOC	357	143	440	440	1,760	1,760
1686 - 7 VOC	458	331	485	359	1,455	1,077
1703 - 5 VOC	130	212	223	416	446	832
1723 - 5 VOC	112	228	196	471	392	942
1757 - 9 VOC	137	318	272	620	544	1,240
1770 - 1 VOC	76	133	102	193	510	965
1811 Madras	412	597				
1821 - 2 Madras	761	959				
1828 - 9 Singapore				616(861)		3,080(4,305)

出典：Reid（2009）：35.

く発展する。以上 3 品目の輸出は，1780 年代の 120 万 SD から 1840 年代の 2,200 万 SD へと急増した。これらの品目の輸出に見合って増加したのが綿布消費である。インドから東南アジアへの綿布輸出は，17 世紀後半に一時低下したが，1760 年から回復し，1821 - 22 年にはマドラスのみからで 72 万枚，約 100 万 SD 相当が輸入され，1820 年代にはインド綿布は大きなブームとなっていた。しかし，これ以降イギリス綿布が進出し，インド綿布を代替していく過程が進んだ。

5. 東南アジアへのイギリス綿布の浸透

　イギリス綿布は，当初は植民地化したインド市場のみを目指した。しかし，その後マレー半島のペナンやスマトラのベンクーレンにも交易拠点を築き，市場拡大を試みた。1,300枚のイギリス製チンツが初めてペナンに届いたのは1810年であったが，現地の嗜好に合わず，1820年代までは低調であった。例外はジャワであり，1823年には，ジャワへの綿布輸入の97%，金額にして130万SD相当のイギリス製の白布が流入した。大半が染色され，バティックとなった。

　1830年代に入ると，マレー半島，シャム，コーチシナでのイギリス製綿布の比率が急増する。表5-2はシンガポール経由で各地に輸出されたヨーロッパ（イギリス）製・インド製綿布の比率を示している。ヨーロッパ製綿布の比率は，1820年代末の28%から，1840年代には全体の7-8割に激増し，他方インド製綿布の比率は，1865-66年にはわずか

表5-2　シンガポール経由でマレー半島，シャム，コーチシナに輸出されたヨーロッパ（イギリス）製・インド製綿布の比率

Year	European （単位：SD）	Indian	Total	European percentage
1828-9	244,776	616,510	861,286	28.4
1835-6	562,957	457,583	1,020,540	55.2
1840-1	618,114	234,333	852,447	72.5
1843-4	530,723	156,995	687,718	77.2
1845-6	895,307	234,996	1,130,303	79.2
1848-9	666,082	103,189	769,271	86.6
1855-6	1,031,265	114,783	1,146,048	90.0
1865-6	4,015,535	107,660	4,123,195	97.4

出典：Reid（2009）：47.

2.6％へと激減している。

このような傾向は，多くの東南アジア地域に共通のものであった。シャムは，1789 年は 6 - 8 万 SD 相当のインド綿布を消費し，1821 年には，ペナンからだけで 20 万 SD 相当，1828 - 29 年にはシンガポールから 17.5 万 SD 相当のインド綿布が送られていた。しかし，それ以降はヨーロッパ製綿布が急速に増大し，1841 年にはインド綿布の比率は 1 割以下となった。インド綿布のイギリスやヨーロッパの工業先進国製の綿布による置きかえが大きく進んだのである。

まとめ

新大陸での銀開発は，大西洋経済圏の発展を促すとともに，各種アジア産品の買い付けを可能にさせ，インド洋経済圏との銀による結び付きを拡大し，大量のインド綿布がヨーロッパ市場に流れ込んだ。

イギリスは，この動きに抗してインド綿布に対抗しうる製品を各種の技術革新によって生産することに成功し，さらには産業革命による大量生産を通じて，それまでのインド綿布の市場はもちろん，世界の市場を制覇し，グローバル・エコノミーを牽引する地位を築いた。

本章に続いて，次の第 6 章では，砂糖，茶，コーヒーなどの世界商品が世界経済の一体化を促していった過程を，第 7 章では，イギリスが牽引する 19 世紀以降のグローバル・エコノミーの展開の中で，世界各地で進んだ開発と人口の動きとその意味を考える。

参考文献

・松井透 (1991)『世界市場の形成』岩波書店
・ベヴリ・ルミア (2006)「インド綿貿易とファッションの形成：1300 ～ 1800 年」『社会経済史学』72 - 3
・Prakash, O. (1998) *European Commercial Enterprise in Pre-Colonial India*, the New Cambridge History of India II － 5, Cambridge University Press.
・Reid, Anthony. (2009) "Southeast Asian Consumption of Indian and British Cotton Cloth, 1600 - 1850", Giorgio Riello and Tirthankar Roy (eds.), *How India Clothed the World: The World of South Asian Textiles, 1500 - 1850*, Brill.

6 | 世界商品の登場

島田竜登

《目標＆ポイント》 長期の 18 世紀と呼ばれる時期には，世界各地で砂糖やコーヒー，茶といった商品生産が開始された。これらの商品は生産地で消費されるのではなく，世界各地で消費されることを前提とした世界商品であり，これらの商品の生産，流通，消費は世界経済の一体化を促した。本章ではその具体的な事例を学ぶ。

《キーワード》 アメリカ大陸とアジアの開発，砂糖・コーヒー・茶，労働力移動，産業革命と消費市場

1．アメリカ大陸の農業開発

　17 世紀半ばから 19 世紀半ばにかけての時期は，近年，長期の 18 世紀とも呼ばれる時期である。産業革命の国際的な伝播に伴う工業化の世界的発展は，この長期の 18 世紀以後になされたので，この長期の 18 世紀とは，それ以後の本格的工業化や植民地化を準備する時期に当たる。この時期に世界経済は全体的に大きな発展がみられたが，とくに農業部門での発展が顕著であった。この長期の 18 世紀における農業の発展には，世界的にみて，プランテーション型の発展と小農型の発展という主に 2 つのタイプがあった。

(1) プランテーション
　プランテーション型の農業は，それまで歴史上あまり見られなかった生産システムで，輸出商品作物の生産に特化し，かつ経営単位は大規模

であった。これが顕著にみられたのが，中南米でのサトウキビのプランテーション栽培である。資本主義的農業生産といえば，同時代のイギリス本国で見られたように，土地を所有する地主，資本の提供者でもあり農業生産の経営者でもあった資本家，さらに賃金労働者という3つの立場にある人間が農業生産に関わる形態を指す。もっとも，アメリカ大陸やアジアでのプランテーション型の大規模な農業生産は新規開拓地で行われることが多かったので，しばしば地主を兼ねる資本家と労働者がプランテーション栽培に関わった。また，後述するように，賃金労働者を十分に確保できない場合は，奴隷労働者を使用せざるをえず，この点においても，南米でのプランテーション栽培は厳密な意味での資本主義的農業生産とは異なっていることにも注意したい。

　中南米では，スペインやポルトガル，さらにはオランダ，イギリス，フランスなどが進出し，それぞれの植民地を建設していった。当初は海岸沿いに植民都市を建設したが，次第に内地の開発へと進んでいった。この内地の開発の主力が農業開発であった。ヨーロッパから移住した開拓者が資金を投下して原野を開拓し，新たな農地を創り出す。そして生産した作物の消費市場は，植民地内部というよりもヨーロッパ本国であった。つまり，ヨーロッパ本国が必要とする作物をアメリカ大陸で安価に生産し，輸出することが目指されたのであって，その代表的な作物がサトウキビなのであった。

（2）　奴隷制度

　中南米におけるプランテーション栽培農園で，実際の労働の担い手はアフリカから連れてこられた黒人奴隷とその子孫たちであった（表6-1参照）。プランテーションを近代資本主義的農業生産とみなすならば，労働の担い手は賃金労働者ということになるが，賃金労働者が十分に確

保できない中南米では，外来の奴隷労働力が必要とされ，労働力移動が
奴隷貿易の形でなされていたのである。

　奴隷とされた人間とは，金銭等で売買され，他の人間に所有される存
在である。現在では非人道的であるとされるが，当時の社会ではこうし
た奴隷制度がまかり通った。とくに労働の担い手が少ない新規開発地で
は外来の奴隷が必要不可欠とされたのである。もっとも，奴隷の所有者
も，奴隷を所有することで様々な負担が生じたことは理解しておく必要
がある。奴隷所有者が奴隷を酷使したり，私刑に処したりすることは一
般に禁じられていた。また，奴隷が年をとって労働することができなく
なっても，老年の奴隷を生涯にわたって面倒を見なければならいことと
されているのが一般的であった。したがって，所有者としては，奴隷を
所有することは長期的にみると負担のかかることであった。奴隷の所有

表6-1　カリブ海域英領植民地の人口

（単位：1,000 人）

植民地とその獲得年（左）	1750 年		1830 年	
	A. カリブ海の 19 の「奴隷と砂糖」諸島の人口			
	人口合計	奴隷の比率(%)	人口合計	奴隷の比率(%)
1625 年 セントクリストファー	21.8	88.3	23.4	81.6
1627 年 バルバドス	63.4	78.9	102.2	80.3
1632 年 アンティグア	31.1	89.3	37.0	80.0
1655 年 ジャマイカ	127.9	90.1	378.1	84.4
1763 年 グレナダ	12.0	87.3	28.4	84.1
1797 年 トリニダード	0.3	42.4	42.1	54.1
1803 年 英領ギアナ(のちガイアナ)	8.0	91.0	100.6	88.1
その他の 12 島	66.0	79.4	132.1	75.6
合計（19 島）	330.5*	85.3	843.7	81.2

出典：アンガス・マディソン（2004）：216.
　　　＊出典では 371.2。

者たるプランテーション経営者としては，労働者は短期的な賃金労働契約，あるいは時給労働者とまではいかぬものの，年季労働者や季節労働者といったものが好ましい。しかし，アメリカ大陸のような新たな植民地では，こうした賃金労働者が多数確保できないため，外来の奴隷を利用するしか方法がなかったのである。

　こうした黒人奴隷を主たる農業労働の担い手とすることは，アメリカ大陸では19世紀半ばまで続いた。19世紀始めにはイギリスが奴隷貿易を廃止し，1830年代に奴隷制度を廃止した。だが，他のヨーロッパ諸国は植民地での奴隷制度をすぐに廃止するようなことはなかった。19世紀を通じて次第に他のヨーロッパ植民地でも奴隷制度は廃止されていったが，祖先に黒人奴隷を持つ人々が年季契約などの形でアメリカ合衆国南部の綿花栽培などでの労働の担い手となっていった。

2. アジアの開発

　アジアにおいても長期の18世紀に農業の発展がみられたが，先に述べたように，主に2つのタイプに分けた発展がみられた。第一の，そして最も大きな変化は小農的発展である。東アジアから東南アジアを経て南アジアに至る稲作地帯では，一般的に顕著に小農的発展が生じたと考えられている。そして第二がプランテーション的発展である。

（1）　小農的発展

　そもそも小農とは，規模は小さいながらも自らの農地の所有権ないしは耕作権を有し，家族労働で農業生産を行う人々のことを指す。家族の規模も比較的小さく，両親とその子からなる単婚小家族，あるいはそれが若干，三世代同居程度に広がった程度である。現代の日本人が農家としてイメージする経営単位に最も近い農業経営の在り方ともいえるだろ

う。これだけ経営規模が小さいと，生産に対する家族の努力がそのまま家族の生活水準の向上につながりやすい。稲作のように，とくに手間暇のかかる作物の栽培には好適な生産単位であるといえる。

　社会として小農的生産を支え，長期的に維持する前提は新規開拓地の存在である。ある社会が小農を維持するには新たに農地として開墾し続け，全ての子に応分の田畑をもたせて独立させなければならない。さもなければ単婚小家族をベースにした経営規模を維持することが難しくなるからである。実際，長期の18世紀において，アジア各地では新たな農地の開拓を進めることができた。山林を切り開いたりして，新たな農地とするのである。例えば日本の場合には17世紀に平野の開拓が行われ，農地が拡大した。18世紀での中国の場合も山林を農地として開拓し，たとえ地味が劣るといえども，「コロンブス交換」でアメリカ大陸からもたらされたサツマイモやトウモロコシといった新作物を栽培し，増加する人口を養っていったのである。いずれにせよ，長期の18世紀にアジアの農地は拡大し，それが人口の増大につながっていったのであった。

　しかし，こうした小農的発展は小農単位だけで完全に独立した経営単位となっていたわけではないことにも留意する必要がある。稲作には灌漑の整備や維持など，各小農単位では解決できない問題もある。あるいは，日々の生活に用いる薪の確保などで山林を必要とした。そのため，行政上の村，ないしはそれよりも小さい自然村落を単位として共同体が形成されることが一般的であった。こうした共同体は山林などを共有地としていたほかに，例えば19世紀，東南アジアのジャワ島で見られたように，共同体内部で各小農が毎年，農地の割替を行っていたこともある。

（2） アジアにおけるプランテーション

　アジアにおいても長期の 18 世紀にプランテーション的発展も見られ，とりわけ東南アジアで顕著であった。当時の東南アジアは，東アジアや南アジアと異なり，人口は一般的に希薄であった。そのうえで，16 世紀以降，ヨーロッパ人が東南アジア各地に進出し，商業上，さらには軍事上の拠点として植民都市を創り出す。スペイン領のマニラやオランダ領のバタヴィア（現在のジャカルタ）がその代表例である。植民都市が発展するとともに，その近郊地帯を中心に輸出用作物の栽培が開始され，次第に規模を拡大させていった。その際，採用されることになった農業生産の在り方のひとつがプランテーション栽培である。

　一例としてバタヴィア近郊のサトウキビのプランテーション栽培を検討してみよう。1619 年にオランダ東インド会社はバタヴィアへの植民を開始し，17 世紀末頃にはバタヴィア都市部の縁辺でサトウキビが大規模に栽培された。収穫されたサトウキビは，同じく都市近郊地帯で砂糖に精製され，集荷の後にオランダ東インド会社の手で輸出されるようになった。旧来は米を栽培していた農地をサトウキビ農園に変え，輸出向けの砂糖を生産したのである。時間の経過とともに 18 世紀末までにバタヴィアの郊外地は拡大し，サトウキビが大規模にプランテーションで栽培され，砂糖が多量に生産されるようになった。

　バタヴィアのサトウキビ・プランテーションの経営は，ある意味，中南米と似ている点もあるし，異なっている点もある。サトウキビのプランテーションで実際に働く人々は，主として中国から移住した労働者であった。いわゆる華人である。さらに，東南アジア島嶼部から連れてこられたアジア人奴隷もサトウキビ栽培プランテーションで補足的に使役された。外来の移住者がサトウキビ栽培に従事したこと，つまり，プランテーション栽培を支える根幹である労働力に関して，華人という労働

力の国際移動に依存していたことは，中南米の砂糖プランテーションと類似しているといえる。

　一方，中南米のサトウキビ栽培プランテーションと異なる点は，プランテーションの経営に当たっていた人々についてである。オランダ東インド会社から土地の払い下げを受けたのは主にオランダ人を中心としたヨーロッパ人地主であった。だが，彼らヨーロッパ地主は手に入れた土地を貸借に出し，実際にプランテーションを経営したのは華人，すなわち中国人移民であった。彼らは華人ネットワークを駆使してサトウキビ栽培や製糖の方法を熟知する技術者を確保するとともに，実際の労働に当たる華人やアジア人奴隷を集め，経営を担ったのである。

3. 世界商品の登場

　プランテーション制度の導入などで長期の 18 世紀に大規模に発展していった世界の農業生産であるが，そこで生産された商品は世界商品とも呼びうるものであった。すなわち，世界のいずれの地で生産されようとも，大航海時代以降に発達した国際貿易のネットワークによって，生産地とは異なる地域に輸出され，消費される商品が登場したのである。

(1) 砂糖

　この世界商品の代表が砂糖であった。これまでみたように，中南米では多量のサトウキビがプランテーションで栽培され，時間の経過とともに生産量は増大した（図 6-1 参照）。しかし，そこで生産された砂糖は現地で消費されるのではなく，遠くヨーロッパに運ばれ，ヨーロッパ市場で消費されたのであった。ヨーロッパにおいて，砂糖は 17 世紀には極めて珍しい奢侈品であったが，18 世紀には価格が低下した。さらに 19 世紀になるともはや奢侈品としての性格はなくなり，一般庶民も日

常的に口にすることのできる大衆消費品となった。

　同様に，東南アジアのジャワ島で生産された砂糖もほとんどがジャワ島以外の地で消費された。ジャワ砂糖の一部はオランダ東インド会社船によってオランダに運ばれた。ヨーロッパでは中南米産の砂糖とともに，東南アジア産の砂糖も消費されたのである。また，ジャワ砂糖はヨーロッパだけでなく，おりから発展を遂げていたアジア域内貿易での主要商品のひとつとして売買され，西アジアや南アジア，日本でも消費された。現に西アジアのサファヴィー朝イラン（ペルシア）はジャワ砂糖の最大の消費地のひとつであった。オランダ東インド会社は毎年，多量のジャワ砂糖をイランに送り続けていた。しかし，1720年代にサファヴィー朝が事実上，崩壊し，消費市場としてのイランが失われると，ジャワの

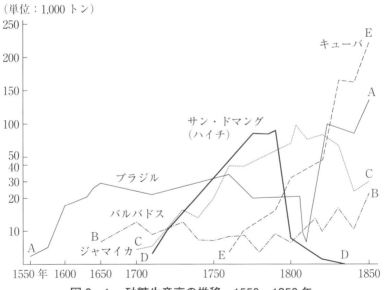

図6-1　砂糖生産高の推移，1550－1850年
出典：下村晃（1995）：183.

砂糖栽培に深刻な影響を与えたと考えられているのである。

　さて，江戸時代の日本を考えてみよう。当時の日本は長崎で砂糖が輸入されていた。ひとつはオランダ船によって運ばれてくるジャワ島で生産された砂糖である。また，中国船はジャワ島やタイ，ベトナムで生産された砂糖を長崎にもたらしたばかりでなく，中国南部の福建で生産された砂糖も多量に日本に輸出した。当時の日本は，琉球や奄美，さらには四国などでも砂糖の生産が次第に伸びていったが，国内産の砂糖だけでは到底需要を満たすことができず，東南アジアや中国で生産された砂糖が日本に輸入され，消費されていたのである。

　世界商品とは，まさしく大航海時代に入り，一段と前進したグローバル・エコノミーを象徴するモノであるといえるだろう。ヨーロッパを中心とした貿易ネットワークやアジア域内で進展した貿易ネットワークを利用して，あるところで大規模な輸出向け商品の生産が開始され，消費市場は世界各地で生産された同一商品を輸入するようになった。同じモノが世界各地で生産され，生産コストと輸送コストが価格に反映され，世界各地の生産地帯が競争にさらされながら大規模な輸出商品の生産を行ったのである。そして，消費者の方は，当該の商品が世界のどこで生産されたのか，あまり意識することなく，日常的に消費するグローバル経済が登場したのであった。

　とはいえ，世界の人々が消費する商品は完全に世界商品として同一化したわけではない。グローバル化も一挙に進むわけではなく，つねにグローバル化に反する要素も歴史には存在する。世界商品の代表のひとつであった砂糖を例にとってみても，世界各地には砂糖に代替する甘味は多数存在した。干しブドウなどの乾燥果物やハチミツなどの生産や消費は健在であった。また，砂糖とはいえ，世界商品である白砂糖以外の砂糖も存在していたことには注意を払う必要がある。日本では黒砂糖など

が人々の嗜好を魅了し続けていたし，いわゆる四国の和三盆も世界商品としての白砂糖とは味覚も異なる。さらに，東南アジアや南アジアで椰子から製造する伝統的な甘味料であるヤシ砂糖は現在もその地で大きな需要がある。このヤシ砂糖は長期の18世紀の当時は共同体内部での生産と消費のほか，域内貿易でも取引されていたのである。

（2）　コーヒーと茶

　砂糖とともに長期の18世紀において登場した世界商品としては，コーヒーや茶を挙げることができよう。コーヒー豆は本来，アラビア半島で生産されており，16世紀半ばには早くもオスマン朝の首都イスタンブールでコーヒーが消費されていた。17世紀にはアラビア半島のコーヒーが陸路や喜望峰を経由した海路でもヨーロッパに輸入された。イエメンのモカはまさしく海路でのコーヒーの輸出港であった。17世紀末にはコーヒー豆はジャワ島のプリアンガン地方に移植され，栽培されるようになった。オランダ東インド会社は現地首長層にある程度の土地支配権を認める代わりに，一定の価格で毎年，決められた量のコーヒー豆をオランダ東インド会社に供出することを求めたのである。これは義務供出制と呼ばれるシステムで，19世紀のジャワで本格化するいわゆる強制栽培制度の原形となる生産・集荷制度であった。

　ジャワ島で移植に成功したコーヒー栽培であったが，コーヒー豆の苗木はアムステルダムを経由して，西インド諸島さらにはブラジルへと再移植された。その結果，18世紀には中南米でコーヒー豆の栽培が盛んとなった。もちろん，中南米でのコーヒー生産は黒人奴隷を用いたプランテーション経営の下で行われたことは言うまでもない。

　さて，長期の18世紀において世界各地で生産されるようになったコーヒーであるが，大きな消費市場はヨーロッパに限られていた。オランダ，

イギリス，フランスなどでコーヒーハウスとも呼ばれる一種の社交場が
都市に登場した。コーヒーハウスには男性たちが集い，コーヒーを飲み
ながら商売向きの話や政治談議に時間を費やした。18世紀におけるヨー
ロッパ各都市のコーヒーハウスは，自由や民主主義について議論をする
格好の場となっていったとされていた。

　一方，茶は主に中国南部の福建で生産された。ヨーロッパ人が清朝中
国で交易を許された広州での広東貿易を通じて，17世紀以降，ヨーロ
ッパに輸出された。もともとは日本も茶を長崎貿易を介してオランダに
輸出したが，その量はわずかで中国の輸出には到底及ばなかった。なお，
当時はまだ世界に紅茶は存在せず，緑茶や様々な中国茶がヨーロッパに
もたらされた。コーヒーとは異なり，刺激が少ないことも相まって，茶
は女性を含む多くの人々に愛好されたのである。19世紀に入ってもヨー
ロッパでの茶の需要は増加した。

　そのため，19世紀にはアジア各地で茶の増産が続くことになった。
まず，南アジアで茶の栽培に成功した。1823年にインドのアッサム地
方で自生の茶が発見される。このアッサム地方自生の茶や中国の茶の苗
木が南アジア各地に移植され，ダージリン地方やスリランカで大規模な
茶栽培プランテーションが設けられるようになった。また，19世紀後
半にはジャワでも茶の生産が大規模に開始されている。明治期の日本で
も茶は主要輸出商品のひとつであった。いずれにせよ，世界的に茶が大
規模に生産されると，価格は低下したので，世界的な大衆商品となって
いった。

　もちろんコーヒーや茶には砂糖はつきものである。日本人は茶という
と砂糖を入れることはないが，欧米ではもちろん，東アジア以外のアジ
アでも茶に砂糖を入れることは現在でも一般的である。つまり，長期の
18世紀に登場した世界商品である砂糖とコーヒー・茶はある意味，セ

ットでそれらの生産と消費を伸ばしていったといえるだろう。また，いずれもが嗜好品であることも重要である。なくても人間は生存することはできるが，あれば生活に潤いが出る。日々の過酷な労働の代償としての心の安らぎを人々が世界商品の消費に見出すようになったということなのである。

参考文献

・臼井隆一郎（1992）『コーヒーが廻り世界史が廻る―近代市民社会の黒い血液』中公新書
・大橋厚子（2010）『世界システムと地域社会―西ジャワが得たもの失ったもの 1700‒1830―』京都大学学術出版会
・川北稔（1996）『砂糖の世界史』岩波ジュニア文庫
・小林章夫（2000）『コーヒー・ハウス―18世紀ロンドン，都市の生活史―』講談社学術文庫
・島田竜登（2013）「近世ジャワ砂糖生産の世界史的位相」秋田茂（編）『アジアからみたグローバルヒストリー―「長期の18世紀」から「東アジアの経済的再興」へ―』ミネルヴァ書房
・下村晃「近代プランテーション革命」（1995）池本幸三，布留川正博，下村晃『近代世界と奴隷制―大西洋システムの中で―』人文書院
・角山栄（2000）『茶の世界史―緑茶の文化と紅茶の社会―』中公新書
・アラン・マクファーレン，アイリス・マクファーレン（2007）『茶の帝国―アッサムと日本から歴史の謎を解く―』（鈴木実佳訳）知泉書館
・アンガス・マディソン（2004）『経済統計でみる世界経済2000年史』（金森久雄監訳）柏書房

7 | 開発と人口

水島　司

《目標＆ポイント》　世界経済の一体化が進行する中で，ヨーロッパとアジアとの関係は，ヨーロッパによるアジア地域の直接・間接の植民地支配によって結び付きが決定的となった。工業原料や食料などの一次産品への需要拡大は，広大な領域で農業開発をひき起こし，急速な人口増加をもたらした。そのことはまた，それらの開発地域の市場規模の拡大と経済的プレゼンスの上昇を意味した。本章ではその変化の過程を学ぶ。

《キーワード》　耕地開発，地表変化，農業開発，人口と GDP，人口増加，耕地開発と人口

1. 耕地開発の進展と地域的特徴

　近代に入ってからの耕地開発の進展を，より長期的かつグローバルな規模で見るとどのような特徴があるのだろうか。過去 1000 年あまりの期間における地球全体の地表被覆構成の変化を見ると，森林（原始林・原生林・二次林）や草原が大きく減り，農地・草地・その他（居住地等）が大きく増加している。被覆の変化が目立って変化し始めるのは，18世紀以降であり，とりわけ 19 世紀半ば頃からの変化が大きい。

　19 世紀半ば以降で見ると，1850 年から 1990 年までの間に森林が6,000 万から 4,800 万平方キロに，草原が 6,000 万から 3,600 万平方キロにそれぞれ減少し，他方，草地は 800 万から 3,400 万平方キロへ 4 倍以上，農地が 540 万から 1,520 万平方キロへ 3 倍近く増加した。

（1） 温帯での耕地・森林・草地の地域別変化

　以上が大まかな動きであるが，地表の被覆変化を温帯・熱帯別に見ると，ではどのような特徴が見られるのか。表7-1は温帯での耕地・森林・草地の地域別変化を，1700-1850年，1850-1920年の二つの時期に分け，全体の動きを示している。そこからは，温帯では，全体として，森林，草地とも減少し，その分耕地が増大している様子がわかる。しかし，よく見ると，その変化の状況は地域毎にかなり異なる。ヨーロッパでは1700-1850年には森林と草地が減少し耕地が増大したが，1850-1920年には森林の減少は小さく，草地は逆に増大している。ロシアでは，森林が激減し，その分耕地が増大した。草地の変化は小さい。北米では，1700-1850年までは森林が減少して耕地が増大したが，1850-1920年になると，森林に加えて草地が激減し，耕地が激増した。中国では，全期間を通じて森林と草地が減少し，耕地が増大した。

表7-1　温帯での耕地・森林・草地の地域別変化
　　　　1700-1850，1850-1920　　　　　　　　　　　　　（単位：100万ha）

	Cropland			Cropland Change		Forest Change		Grassland Change	
	1700	1850	1920	1700-1850	1850-1920	1700-1850	1850-1920	1700-1850	1850-1920
Europe	67	132	147	65	15	-25	-5	-40	11
Russia	33	94	178	61	84	-71	-80	10	-4
North America	3	50	179	47	129	-45	-27	-1	-103
Pacific developed	5	6	19	1	13	0	-6	-1	-8
Subtotal	108	282	523	174	241	-141	-118	-32	-104
China	29	75	95	46	20	-39	-17	-7	-3
Total	137	375	618	238	243	-180	-135	-39	-107
Temperate total, 1700-1920				481		-315		-146	

出典：Williams（2006）：264.

表7-2　熱帯での耕地・森林・草地の地域別変化
1700 - 1850 - 1920 - 1950 - 1980　（単位：100万 ha）

Cropland				
	1700	1850	1920	1950	1980
Tropical Africa	44	57	88	136	222
North Africa and Middle East	20	27	43	66	107
South Asia	53	71	98	136	210
Southeast Asia	4	7	21	35	55
Latin America	7	18	45	87	142
Tropical Total	128	180	295	460	735

Cropland Change			
	1700 - 1850	1850 - 1920	1920 - 50	1950 - 80
Tropical Africa	13	31	48	86
North Africa and Middle East	7	16	23	41
South Asia	18	27	38	74
Southeast Asia	3	14	14	20
Latin America	11	27	42	55
Tropical Total	52	115	165	276

Forest Change			
	1700 - 1850	1850 - 1920	1920 - 50	1950 - 80
Tropical Africa	− 22	− 61	− 87	− 114
North Africa and Middle East	− 4	− 7	− 9	− 4
South Asia	− 18	− 28	− 38	− 71
Southeast Asia	− 1	− 5	− 5	− 7
Latin America	− 25	− 51	− 96	− 122
Tropical Total	− 70	− 152	− 235	− 318

Grassland Change			
	1700 - 1850	1850 - 1920	1920 - 50	1950 - 80
Tropical Africa	9	30	39	28
North Africa and Middle East	− 4	− 7	− 15	− 37
South Asia	0	1	0	− 3
Southeast Asia	− 2	− 9	− 9	− 13
Latin America	13	25	54	67
Tropical Total	16	40	69	42

出典：Williams（2006）：319，373．

第7章　開発と人口　｜　**95**

（2）　熱帯での耕地・森林・草地の地域別変化

　熱帯はどうか。表7-2では，熱帯での耕地・森林・草地の地域別変化が1980年にまで広げて示されている。そこから，全体として草地が微増であるが，森林が減少し，耕地が激増という動きが示されている。しかし，熱帯の中でも，やはり大きな地域差が見られる。熱帯アフリカでは草地が微増であるが，森林が特に1850年以降から大きく減少し，その分耕地が増加している。北アフリカ・中東の場合は，森林，草地とも減少し，その分耕地が増大している。特に1950年以降の草地減少が大きい。南アジアでは，草地はほとんど変化しておらず，他方森林が大きく減少し，その分耕地が増大している。東南アジアでは，森林と草地が減少し，その分耕地が増大している。南米では，森林が大きく減少し，その分耕地と草地が激増している。

（3）　現在の地域別耕地状況

　現在の地域別耕地状況については，表7-3がある。穀物の地域別栽培適地面積と拡張可能面積を示したこの表からは，全体としてまだ拡張可能な空間が残されていること，しかし，拡張可能面積が負の数値で示されている地域，つまり，農地に適していない土地も農地となっている地域が，アジアの多く，南ヨーロッパ，旧ソ連（アジア），北アフリカに見られる。既に，過剰開発状態にある地域が少なくないということである。

2.　農業生産における技術的進展

　以上のように，地域毎に特徴を示しながらも，近代は全体として森林・草原を農地に変えていった時代であったと特徴付けられる。この農地の拡大は，後に見る人口の激増，世界経済の一体化に対応する変化である。

表7-3　地域別穀物栽培適地面積と拡張可能面積

（単位：100万 ha）

	栽培適地面積	拡張可能面積
東アジア	122	−43
東南アジア	118	22
南アジア	191	−12
西アジア	12	−58
オセアニア	74	23
太平洋諸島	7	5
北ヨーロッパ	12	4
西ヨーロッパ	66	25
南ヨーロッパ	13	−22
東ヨーロッパ	53	9
旧ソ連（ヨーロッパ）	241	70
旧ソ連（アジア）	6	−30
北アフリカ	4	−24
東アフリカ	164	115
西アフリカ	181	97
中央アフリカ	245	221
南アフリカ	182	141
北米	289	61
中米	45	3
南米	692	571
全世界	2,718	1,179

出典：川島博之（2008）：18.

それと関連する農業生産の重要な変化としては，灌漑・肥料・品種改良・多作による単位面積あたりの収量増大の問題がある。次に，これらの問題を見ておこう。

第7章　開発と人口　｜　**97**

（1）　灌漑

　灌漑について，南インドを例としてとりあげる。灌漑は，より多くの収量をより安定的にもたらす作物を，より多くの土地に導入するために不可欠な要素である。南インドのタミル・ナードゥ地域では，年間雨量は1,000ミリに達しない。そのため，単位収量が雑穀と比較して数倍となる米を栽培するには，灌漑環境を整えることが必須である。

　灌漑源は，南インド全体としては，河川による水路灌漑に始まり，大規模貯水池（溜池），開放井戸，管井戸（tube well）へと主役が時間的に変化してきた。但し，その流れは，地域毎の地形の差異によって異なる。

　19世紀初頭についての灌漑状況を知ることのできる南インドの一県チングルプットでは，ほぼ一つの村に一つの貯水池が存在し，井戸の数が少ない。つまり，当時のこの県での灌漑農業の主要な灌漑源は，貯水池とそこから引かれた水路であった。

　南インドの植民地時代の名称であるマドラス管区全体について，最初の全域の農業統計が出てくるのは1884年である。それによれば，マドラス管区全体で，全作付面積中の灌漑面積は24%を占めている。灌漑源の構成は，水路灌漑が41%，貯水池灌漑が38%，井戸灌漑が14%，その他6%となる。マドラス管区には幾つかの大河川が走っており，ここでの水路灌漑は，それらの河川からのものが主である。河川を水源とした灌漑のうち，最も有名なのは，カーヴェリ河の灌漑システムである。この河川は，遠く東ガーツ山脈から流れてくる長大な河川であるが，下流に位置するダムにより，幾つかの方向への水路によって分水される。そして，それらを水源とする水路網が，古代チョーラ時代からの南インドの大穀倉地域であるタンジャーヴール・デルタを形成してきた。

　このような河川灌漑に加え，南インドには，古くから多数の貯水池が

築かれてきた。貯水池の大きさと保水能力は様々だが，中には，百数十村を灌漑する能力をもつものもあり，一般的な貯水池でも野球場程の広さをもっている。

河川灌漑，貯水池に加えて，井戸による灌漑も行われてきた。井戸灌漑が増加し始めるのは19世紀後期からであり，初期は開放井戸が主であった。数メートル四方の大きさの井戸を岩盤をくりぬいて掘り，岩の割れ目からしみ出す地下水を貯める井戸である。謂わば，小型の貯水池と言える。このような開放井戸から，20世紀後期になると，管井戸が激増する。細い管を地中に垂直に掘り進め，ポンプを用いて地下水を汲み上げるものである。管井戸は，緑の革命の進展と共に一挙に広まった。管井戸の普及による灌漑基盤の強化は，インドを慢性的な食料不足から救い出した原動力の一つとなった。

（2） 肥料

灌漑の整備は，生産の安定，作物選定の選択の幅，多作化をもたらしうるものであるが，単位収量の飛躍的な増大を直接もたらす大きな要素は，肥料の利用である。次に肥料の問題を見ておく。

イギリスの小麦の単位収量は，図7－1に示すように，18世紀以降大きく増大した。農業革命とも呼ばれる農業技術革新である。従来の三圃制農業では，地力回復のために休耕地が必要であった。しかし，栽培牧草と家畜飼料となる根菜生産を組み合わせることによって，休耕地が不要になった。それにより，輪作が可能になり，また一年を通じた家畜飼育も可能になった。さらには，家畜の糞によって地力の回復が図られたことにより，高い農業生産力が実現された。

18世紀の農業革命は，このように実現されたのであるが，20世紀の単位収量の激増は，窒素肥料の投入によってもたらされた。ハーバー・

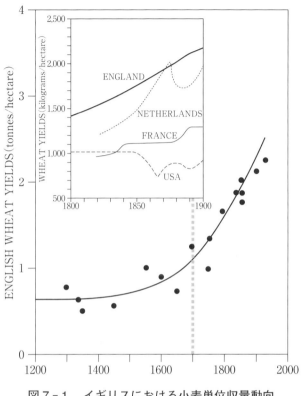

図7-1　イギリスにおける小麦単位収量動向
出典：Smil（1994）：75.

　ボッシュ法による窒素肥料生成技術が誕生したのは，1906年のことである。この技術はその後の世界の食料増産を支える基本的な要素となった。窒素肥料の地域別消費を見ると，全体として，1960年代から80年代後半にかけて大きく増大している。とりわけアジアでの消費が60年代から増大し，80年代からは世界の半分，あるいはそれ以上を占めるようになっている。アジアでの緑の革命の進展がその背後にある。

（3） 品種改良・多作化

　食料増産をもたらす他の要素としては，品種改良・多作化がある。増産のための品種改良の試みは，古くから営々と続けられてきた。なかでも，最も劇的で，アジアの食料問題を解決に導いたのが緑の革命である。ヨーロッパでの小麦への試みを受けて，アジアでも1960年代から米の多収量品種の普及が本格化し，その後，他の作物にも広がっていった。それらの多収量品種は，収量が多いだけではなく，生育期間が短いために多作を可能とした。このことが，灌漑の拡大，化学肥料の増投に加わり，単位収量を劇的に増加させたのである。

（4） 単位収量の増大

　以上のようなさまざまな試みは，単位収量を大きく増大させた。そのことの，いわゆる途上国経済にとっての意味は大きい。1960年代から90年代にかけて，途上国93ヶ国での小麦，米，モロコシの単位収量を見ると，いずれの作物の単位収量も，2－3倍に増加している。

3. 人口とGDP

　これまで見てきたように，近代に入り，農地が大きく拡大し，灌漑，肥料，品種改良，多作化により単位収量も大きく増大した。しかし，このこと自体は，必ずしも食料問題の解決と直結しない。食料問題には，人口の動向が深く関連しているからである（経済発展における食料と人口に関するマルサスの議論については，第13章参照）。

（1） 国別GDPと1人あたりのGDP

　経済史における人口の問題は，極めて重要である。経済発展の指標となっているGDPと，国毎の経済格差，豊かさなどの問題も，人口の大

きさや動向の理解なしには考えられない。このことは，たとえば国別GDPと一人あたりGDPと比較することでも，容易に理解できる。長期の人口動向やGDP動向は，マディソン〈Maddison, *Statistics on World Population, GDP and Per Capita GDP, 1 - 2008 AD*〉が詳しい統計を提供している。図7-2は，それを元にして，2008年の国別GDP構成を示したものである。アメリカ，日本，ヨーロッパ諸国と並んで，中国やインドの割合が極めて大きい。中国やインドはまさに経済大国と映る。

しかし，一人あたりのGDPを国別に見ると，様相が一変する（図7-3）。中国やインドの位置は低い。言うまでもなく，人口規模が極めて大きいからである。一人あたりGDPだけでは，世界の経済構造とそ

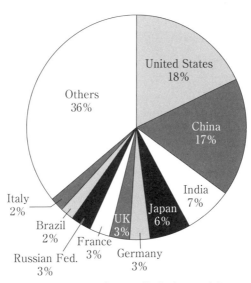

図7-2　国別GDP構成（2008年）
出典：Maddison, *Statistics on World Population, GDP and Per Capita GDP, 1 - 2008 AD* より作成。

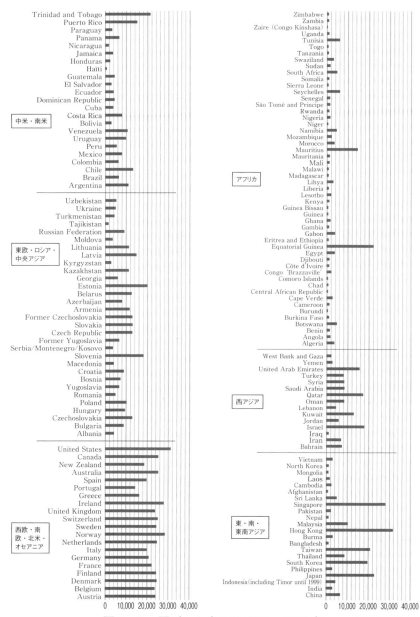

図7-3　国別一人当たりGDP　2008年　（単位：ドル）

出典：Maddison, *Statistics on World Population, GDP and Per Capita GDP, 1–2008 AD* より作成。

第7章　開発と人口 | **103**

の変化を看取することは困難である。

（2）　人口の長期変化

　このように，グローバル・エコノミーを考える際，人口規模を含む経済規模の問題は極めて重要である。それでは，世界の人口は，現在までどのように動いてきたのだろうか。図7 - 4 は 19 世紀前半から 21 世紀初頭にかけての，国あるいは地域別の人口動向を示している。人口が急増するのは全体として 19 世紀後半からであり，20 世紀に入ると年率 1％を超える増加となっている。アジア・アフリカの諸国・諸地域が，20 世紀後半に大きく人口を増大させていることが見てとれる。

4.　耕地開発と人口

（1）　インドについて

　耕地開発と人口の動向について，まずインドを例に見ておこう。

　図7 - 5 は，インドの長期人口動向を示したものである。1871 年の第 1 回センサス（国勢調査）までは具体的な情報はない。1871 年以降 1910 年代までは，停滞期であり，1920 年以降は激増期となる。

　19 世紀末から 20 世紀前半の作付面積と灌漑地の動向を図7 - 6 で見ると，この期間にインド全体として作付面積は微増だが，灌漑面積および灌漑率は確実に増加している状況がわかる。

　では，全国的な統計がない 1871 年以前の動向はどうだったのか。19 世紀を通じての動きを，村別の人口・耕地統計のあるチングルプット県で見てみると，1801 年から 1871 年の間に，チングルプット県では 3 - 4 倍の高い人口の伸びがあった。他方，同県の耕地動向をみると，1801 年から 1871 年の両時点で存在している村については，ほぼ倍増している。19 世紀に入って出現した村々を含めると，さらに増加したことに

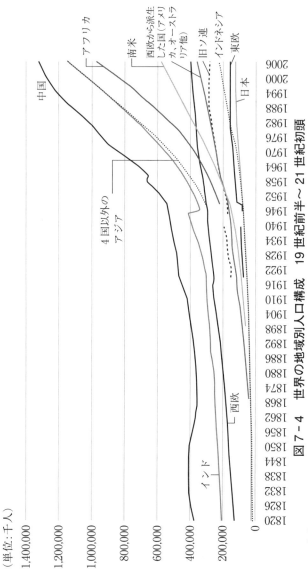

図7-4　世界の地域別人口構成　19世紀前半〜21世紀初頭

出典：Maddison, *Statistics on World Population, GDP and Per Capita GDP, 1 - 2008 AD* より作成。

第 7 章 開発と人口 | 105

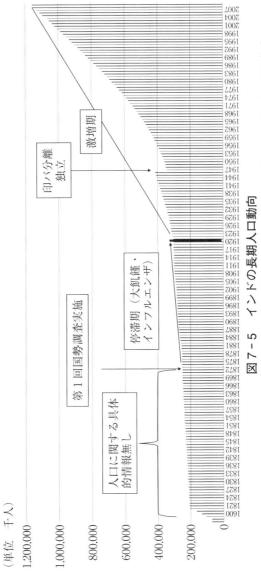

図7-5 インドの長期人口動向

出典：Maddison, Statistics on World Population, GDP and Per Capita GDP, 1 - 2008 AD より作成。

なり，全体としての耕地増加は間違いない。

このような人口の増大傾向は，しかし順調に進んだわけではなかった。1870年代や1890年代に大飢饉が発生し，数百万人の犠牲者を出し，また1910年代には世界的にインフルエンザが大流行したからである。つまり，センサスが開始された1871年から1920年までは人口停滞期であり，1921年センサス以降の人口増加は，この人口停滞期から復帰した可能性が大きい。そして，その復帰を実現したのは，19世紀後期から進む地下水開発による灌漑地の増加であり，農業の安定化が図られたことにある。

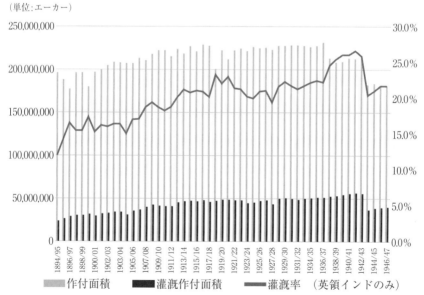

図7-6　19世紀末から20世紀前半のインドの作付面積と灌漑地の動向
出典：*Statistical Abstract relating to British India; Agricultural Statistics of India; Indian Agricultural Statistics* 各年より作成。

インドで見られた19世紀初頭からの人口増・耕地増は，インドが一次産品の生産地として，あるいは先進工業国の製品の消費地として，世界が一体化するグローバル・エコノミーの成長に重要な役割を果たしたことの証左である。このようなグローバル・エコノミーの成長にともなう19世紀からの人口増・耕地増という現象は，以下に検討する東南アジアと共通の現象でもあった。

（2）東南アジアについて

　東南アジアは，グローバル・エコノミーの一翼を，米を中心とした一次産品の生産地として担い，それにともなう人口増は，東南アジアを重要な消費市場へと成長させた。

　東南アジアで19世紀に入ってから急成長を遂げた生産品目としては，ベトナム，タイ，ビルマ，ジャワなどでの米，ジャワの砂糖・タバコ，20世紀に入ってからのマレー半島のゴムなどをあげることができる。はじめに，幾つかの国での農業開発の状況を見ておく。

　ジャワの19世紀から20世紀前半までの農業開発の進展を見ると，耕地は，1832年を100とした場合，1901年には312に増加し，米生産は，1836年を100とした場合，1900年には401に増える。また，砂糖やタバコも大きく増加する。オランダの植民地支配下で，ジャワでは農業開発，とりわけ商品作物生産が大いに進んだことを物語っている。

　ビルマでは，コンバウン朝が，長く米輸出禁止政策を採っていた。しかし，1852年にイギリスにより下ビルマが併合され，それまで未開であったデルタ地帯の開発が一気に進んだ。折しも，1850-60年代のインド大反乱とアメリカでの南北戦争により，世界米市場が逼迫したことから開発が進み，1860年代初めには，ヨーロッパやインドへの米の輸出が始まった。ヨーロッパ人企業家によって精米工場の建設や運送業へ

の投資が行われ，また，上ビルマから下ビルマへの人々の移住が進んだ。このデルタ開発は，運河の開削，築堤による氾濫原の水田化によって進められ，第9章でとりあげるインド人金融業者による積極的な農民融資も見られた。その結果，下ビルマの米作面積は，1850年代の30万haから，20世紀初めには200万ha，1930年には350万haへと増加し，輸出は300万トンとなって最大の輸出地域に変貌した。

タイについても，1851年に即位したラーマ4世が対外開放政策に転換し，1855年のバウリング条約によって世界市場へと参入した。それによってチャオプラヤー河デルタの水田開発が急速に進み，米作面積は，1850年の100万haから20世紀初めの140万haに，さらに1920年代半ばには270万haへと拡大した。輸出は，1850年代の5万トンから90年代末の50万トン，1930年代の150万トンへと増大した。

ベトナム（コーチシナ）でも急速に開発が進んだ。メコン川デルタは1860年代からフランスによって灌漑開発・運河建設が進んだ。水田面積は，1888年の80万haから1931年の226万haへと増加した。また米の輸出量は，1880年の30万トンから，1900年代前半の80万トン，1920年代の150万トンへと増加した。

（3）　東南アジアでの人口動向

東南アジア諸国の19世紀の人口動向に関しては，加納啓良（2001）が，表7-4に示す数値を挙げている。1800年と1900年前後を比較すると，ビルマで2.28倍，ベトナム北・中部で1.62倍であるが，マラヤでは1911年までに4.68倍，ジャワで5.8倍，フィリピンでは4.16倍となっている。特に，ジャワなどの島嶼部での人口増加が著しい。

以上の東南アジアの人口と農業開発の動きは，インドと同様，グローバル・エコノミーの進展と一体化した動きであった。アジアでの人口増

第7章 開発と人口 | **109**

表7-4 東南アジア諸国の人口動向

(千人)

	1800 年	1850 年	1880 年	1900 年	1930 年
ビルマ	4,600		9,219	10,491	14,667
タ イ		5,500	6,200	7,320	11,506
ベトナム					
北・中部	7,000			11,409	12,447
南　部			1,679	2,969	4,417
マラヤ	500			2,339	3,788
スマトラ	3,500			4,500	8,255
ジャワ	5,000			29,000	41,718
フィリピン	1,835	3,858	6,174	7,635	15,984

出典：加納啓良（2001）：298.

は，アジアの経済規模の拡大を意味し，生産と消費の両面で，アジア経済が果たした役割を示すものであった。

まとめ

　19世紀の世界では，インドや東南アジアで見たように，世界各地で耕地開発が進み，農業生産が拡大し，急速な人口増大が見られた。しかし，その進展は，地域的・時期的な差異を有していた。その差異は，グローバル・エコノミーの進展の度合い，その進展への各地域への参入時期，個々の開発空間の性格の違いからも引き起こされたものである。

　そうした中で，アジアは，高度な農業生産力，高い人口成長力を有し，生産と消費の両面でグローバル・エコノミーの有力な一角を構成してきた。こうした特徴をもつ世界各地での開発，人口の動きをグローバル・エコノミーの中に位置づけて理解し，グローバル・エコノミーとのリン

ケージの特色を理解することが，グローバル経済史の重要な目的の一つ
である。

参考文献

・植村泰夫（2001）「植民地期インドネシアのプランテーション」『東南アジア史6 植民地経済の繁栄と凋落』岩波書店
・内川秀二（編）（2006）『躍動するインド経済：光と陰』アジア経済研究所
・大木昌（2001）「インドネシアにおける稲作経済の変容——ジャワと西スマトラの事例から」『東南アジア史6　植民地経済の繁栄と凋落』岩波書店
・加納啓良（2001）「農村社会の再編」『東南アジア史6　植民地経済の繁栄と凋落』岩波書店
・川島博之（2008）『世界の食料生産とバイオマスエネルギー：2050年の展望』東京大学出版会
・高田洋子（2001）「インドシナ」『東南アジア史6　植民地経済の繁栄と凋落』岩波書店
・速水佑次郎（1995）『開発経済学：諸国民の貧困と富』創文社
・Maddison, Angus. *Statistics on World Population, GDP and Per Capita GDP, 1 – 2008 AD*（http://www.ggdc.net/MADDISON/oriindex.htm）（2011年8月24日にアクセス）.
・McNeill, J.R.（2001）*Something New under the Sun: An Environmental History of the Twentieth-Century World*, W.W. Norton & Company, New York, London.
・Reid, Anthony.（1987）"Low Population Growth and Its Causes in Pre-Colonial Southeast Asia", *Death and Disease in Southeast Asia: Explorations in Social, Medical and Demographic History*, Norman G. Owen(ed.), Oxford University Press.
・Williams, Michael.（2006）*Deforesting the Earth: From Prehistory to Global Crisis: An Abridgment*, The University of Chicago Press, Chicago and London.
・Smil,Vaclav.（1994）*Energy in World History*, Westview Press.

8 | グローバル経済の緊密化

島田竜登

《**目標＆ポイント**》 19世紀にはグローバル経済がより密接につながることになった。とくに蒸気船の発達，電信網といったインフラストラクチャーの整備がなされた。また，本格的な植民地化の進展により世界中に鉄道が建設されるなど，世界経済の一体化が飛躍的に進んだ。さらに，土地制度の近代化や度量衡の統一といった経済諸制度が世界的に整備されるなど，グローバル経済の緊密化の様相を理解する。

《**キーワード**》 海運，通信，自由貿易，植民地化の進展，鉄道，近代的経済制度の整備（土地制度，度量衡）

1. 海運と通信の発展

（1） 海運

　19世紀，とくに19世紀の後半になるとグローバル化が一層進んだ。それを端的に象徴するのが海運の発達である。すでに15世紀末の大航海時代の開始から，世界中の航路は様々に開拓されていった。人々は航海上の経験を積むとともに，その結果として，世界の貿易ネットワークは充実していった。しかしながら，これまでの貿易網は帆船の航海を前提としていたのであって，常に一定の方向に風の吹く貿易風や季節変動のある季節風を利用するため，たいていの航路では，航海の時期は一年のうちの一定期間だけに限られていた。一方，19世紀には蒸気船が登場し，19世紀後半には大型の汽船が登場するようになり，世界の交通事情に大いなる変化をもたらした。

汽船が一般的になると、世界経済に大きな影響を与えることとなった。第一には、帆船とは異なり風や天候に左右されることが少なくなったことであるが、そのほかにも、帆船時代とは異なり、大型の船舶がこれまでとは比べようにもないほど多量の貨物や旅客を運ぶことが可能になり、モノや人が大規模に世界を移動することになったのである。これは世界経済の緊密化にとって大きな進展であった。

汽船が世界の海を駆け巡るようになると、港湾施設のインフラストラクチャーの整備が重要な課題となる。まず、世界各地の港に寄港する船舶には燃料である石炭を供給しなければならない（図8-1参照）。そのため、良質の石炭の確保は海運のネットワークを維持するために重要となり、世界各地で石炭の産出が試みられることになった。また、港の整備も重要である。大型の貨物船が寄港するためには、港に埠頭があった方が便利である。従来の船は港の沖合に船舶を止め、船と陸地の間は小

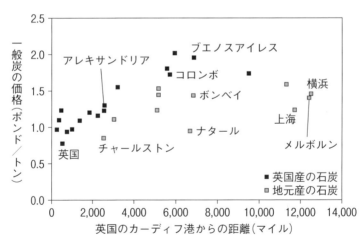

図8-1　港湾都市における一般炭の価格、1907年
出典：グレゴリー・クラーク（2009）：184.

舟を使って積み荷の出し入れを行っていた。しかし，貨物の輸送量が増加すると埠頭を設置する必要にせまられるようになり，世界各地で埠頭の建設が行われるようになったのである。さらに，航海の安全を確保するために各地に灯台が建設されていったことも見逃せない。

　海運の国際ネットワークが創り出されるにあたっては，大型の運河開発もまた重要であった。スエズ運河は 1869 年に開通し，ヨーロッパとアジアとの間はこれまでのようにアフリカ南端の喜望峰を経由する必要はなくなった。また，アメリカ大陸のちょうど半ばを東西に横切るパナマ運河が開通したのは 1914 年である。どちらの運河も海運史上，画期的なことであり，世界の一体化が促進されたのであった。

　なお，汽船が世界各地に行き来するようになると，巨大な海運会社が現れ，定期航路を設けるようになった。そもそも汽船を購入し，世界中を運行するには巨額の資本が必要である。そのため，欧米では巨大な海運会社が登場するようになった。例えば，イギリスの海運会社であり，19 世紀半ばにアジアやオーストラリアまでの定期航路を開拓した P&O 社といった海運会社がある。

（2）　通信

　電信の発達もグローバル化を促進させた。電信とは電気ケーブルを通じて符号化した情報を伝達するシステムであり，とくに 1830 年代におけるアメリカ人モールスによるモールス式電信の開発以後には，電信技術が飛躍的に進歩し，電信ネットワークが世界中に広がることとなった。電信ケーブルを世界中にめぐらすためには陸上ばかりでなく，海底にも電信ケーブルを敷設していった（図 8-2 参照）。イギリスとフランスとを隔てるドーバー海峡に海底ケーブルが本格的に敷設されたのは 1851 年，大西洋をわたる海底ケーブルは 1866 年設置である。その後も世界

の電信網は充実し，アジアへも拡張してゆき，ついに日本へは1871年に上海から長崎にまで国際電信網が到達した。

　電信は19世紀には高価な情報伝達手段であったが，瞬時に情報を送れるようになったことは革新的な変化であったといえるだろう。政府による外交上の利用ばかりでなく，商業の世界でも多用された。原理的には瞬時に世界中のマーケット情報を集め，集約したうえで，世界中に配信することも可能となったのである。国際的な商業活動を行う上で大きな前進をみたといえるだろう。さらに，世界の市況を瞬時に集め，経営的な判断を下すことになったことは，世界商品の生産にも影響を与えることとなった。また，世界の商品価格が一物一価の方向へと集約し始めることが物理的に可能となり，グローバル・エコノミーは一体化の方向に一層進んだのであった。

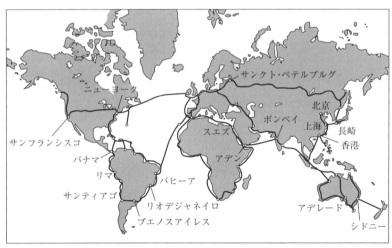

図8-2　1891年時点での電信網
出典：玉木俊明（2014）：195．

2. 自由貿易と植民地化の進展

（1） 植民地の領域支配

19世紀にはヨーロッパの諸国が世界中に本格的な植民地を建設した。すでに大航海時代の開始とともに，ヨーロッパ諸国はアメリカ大陸に植民地を創り出していたが，一方，アジアやアフリカの植民地化は空間的に限られており，多くの場合，海に面した都市とその後背地の一部を植民地としているに過ぎなかった。だが，18世紀にはオランダ東インド会社は南アフリカやジャワで，イギリス東インド会社はインドのベンガル地方などで領域的な支配を目指すようになり，一部では現実的に支配を行い，収税を行うようになった。こうした先駆けを前提として，アジアやアフリカでの本格的な植民地の領域支配が進展したのが19世紀なのである。

東南アジアを例にとると，現在のフィリピンはスペイン，東ティモールはポルトガル，インドネシアはオランダ，マレーシアやシンガポール，ブルネイ，さらにはミャンマー（ビルマ）はイギリス，ベトナム，カンボジア，ラオスはフランスと，19世紀末までにはヨーロッパ各国の植民地となった。ただし，現地の王権を形式的に残し，保護国としたところもあれば，スマトラ島のアチェのように植民地化に対してかなりの抵抗を行った地域もあった。ちなみに，一般的に言えば，現在の国民国家の地理的・空間的枠組みは19世紀に成立した植民地の境界をもとに形成されている。

（2） 帝国主義と自由貿易

ヨーロッパ諸国にとってアジアやアフリカを含めた植民地は，経済的に2つの点で重要であった。第一には，植民地は本国の工業製品の販路

として重要であった。おりから産業革命がヨーロッパ各国で進展しつつあり，本国で生産された綿布は一定の品質の良さと安価さが武器となり，植民地の綿布市場を奪取することが期待されたのである。第二の重要性は本国の工業部門において必要となる原料品，あるいは本国の労働者が必要とする食料調達先としての期待であった。この2つの点はどちらがより重要かと簡単に判断できるものではなく，むしろ2つの要因が相互に密接に結びついていたことに特徴がある。

さて，このような宗主国と植民地との経済関係をベースとした世界経済の見取り図を批判的に提示するのが帝国主義論である。帝国主義とは論者によってさまざまであるが，帝国主義的であること，あるいは帝国主義的となることを望む議論というよりは，むしろ現状の帝国主義的あり方に対し，特に宗主国の政府や宗主国の政策形成に影響を与える資本家たちを批判する論調である。たとえば，イギリスの経済学者であったジョン・アトキンソン・ホブソン（1858 – 1940 年），ロシアの革命家のウラジーミル・レーニン（1870 – 1924 年）といった人物による帝国主義批判がある。

一方，そのような議論での批判対象を擁護する主張が旧来から存在した自由貿易論である。世界で最も工業化の進んだ国の製品は基本的に世界で最も安価なはずである。そのため，工業国の製造業者にとっては自分たちの製品こそが世界市場で最もよく販売されるはずであった。もし，ある国がより工業的に進んだ国の製品を輸入しない場合，それを妨害する旧来の政治体制や制度，慣習があるはずで，それを打破することこそが重要なのであった。こうした産業資本家の立場に立った見解が19世紀の先進国を支配した自由貿易論の骨子である。

ところで，こうした当時の帝国主義論と自由貿易論の論点を混合させた歴史の見方がある。そもそも先進工業国は自国製品がなかなか売れな

い場合のみ，相手国の政治に介入し，必要によっては軍事力を行使して
植民地とする。換言すれば，相手国が自由貿易の原則を守る限り，相手
国を植民地化して，公式の帝国に組み入れる必要はない。植民地化とは
軍事や支配の面で費用がかかり過ぎ，植民地化なるものは宗主国が仕方
なしに行ったと解釈するのが後世の歴史家の見方であり，具体的には，
1960年代に経済史家のジョン・ギャラハーとロナルド・ロビンソンに
よって提唱され，それは自由貿易帝国主義（The Imperialism of Free
Trade）論と称される。

（3） 鉄道と植民地

　19世紀には鉄道が世界的に発達した。イギリスで史上初の本格的な
蒸気機関車を用いた鉄道は1830年開通のリバプール・マンチェスター
鉄道にさかのぼる。マンチェスターは綿工業が発展しつつあった内陸の
工業都市であり，リバプールはその外港であった。その後，19世紀を
通じて，蒸気機関鉄道はイギリスばかりでなく，またたく間に世界に広
がった。鉄道は旅客ばかりでなく，貨物も運ぶものである。リバプール・
マンチェスター鉄道を例にするまでもなく，歴史的にみると，むしろ貨
物輸送にこそ鉄道の重要性があった。とくに産業革命を遂げたイギリス
をはじめとした西ヨーロッパ各国には鉄道が早くから発達した。

　そもそも，鉄道建設には様々な効果がある。鉄道建設は主に工業原料
と工業製品を運搬するためになされたのであり，原料の綿花や工業製品
である綿布はもちろんのこと，石炭の運搬も極めて重要であった。また，
鉄道という名の通り，線路を延々と並べることが必要であったから，鉄
さらには鋼鉄の需要を高めた。さらに，鉄道の建設は時には川に橋をか
け，ときには山を切り崩したり，トンネルを掘ったりする。必然的に鉄
道建設工事を通じて優れた土木技術者が多数，生み出されていったので

ある。いずれにせよ，鉄道建設とは様々な連関効果を持つ当時としては
優れた産業であり，産業革命や工業化の進展を支えたのが鉄道であった
ことは間違いない。

しかも，鉄道の建設はなにも工業化が進展していた欧米諸国だけに限
られていたわけではない。アジアやアフリカでも鉄道は建設されていっ
た。インドやインドネシアでは，日本よりもはやく鉄道が建設されてい
るのである。明治期の日本のように海外から資金調達したとはいえ，で
きる限り自力で鉄道を建設したところもあれば，ヨーロッパ諸国やアメ
リカ合衆国，さらには日本などが主導して鉄道を植民地などに建設した
事例も多々ある。一般的にアジアでの鉄道も貨物輸送をメインとして建
設されたことが欧米諸国と同様ではあった。しかしながら，欧米諸国と
大きく異なる点は，資金や技術の提供者であった。外国人資本家は直接
ないしは間接的に資本を出資し，ときに宗主国の土木技術者たちが鉄道
を建設していった。開通後の目的は主として内陸部での生産物を輸出す
るためであった。輸出用農作物のほかに，鉱産物や木材なども鉄道で通
じて大規模に植民地の内陸部から海岸部に輸送され，その後は船積みさ
れて海外に輸出されたのである。

3. 近代的経済制度の整備

（1） 近代的土地制度

19世紀には世界的に経済制度が整えられていった。経済制度という
と，イメージがなかなか湧かないかもしれないが，経済行動の活性化を
支える社会の仕組みが整備され，しかもそれが世界的に統一化の方向性
を持ったと考えればよいだろう。そのうちの大きな発展のひとつが近代
的な土地制度の導入である。革命政権や他国の植民地化といった政治的
な大変動を契機として新たな土地制度，すなわち誰がどの土地を所有す

るのかということを国家が確定していったのである。代表的な事例は，17世紀から18世紀において市民革命の中でイギリスやフランスで近代的土地制度が確立されていったことである。

　もうひとつの事例は明治期日本の地租改正（1873年）である。これまである土地を耕作していた人物には，多くの場合，明瞭なる所有権は存在せず，歴史的かつ慣習的に形成されてきた耕作権のみを保持していたに過ぎなかった。しかし，明治政府は土地の所有者を確定させ，地券を交付して，納税の義務を明確にした。のちに日本は台湾や朝鮮を植民地とすることになったが，どちらの場合も植民地とするや否や，日本での地租改正に類似する土地調査事業をただちに実施していったのである。

　このように土地の所有者を国家が確定させ，所有者が納税を行う限り，その所有権を認めるという近代的土地制度は，当該の経済社会に2つの影響を与えた。ひとつは土地を担保にして資金を集めることが可能となったことである。かくして，借金をすることで結果的に事業に成功する農民と，失敗して返済が不可能になる没落する農民という二極分化が発生し，場合によっては地主・小作制ができあがる可能性を秘めることとなった。

　もうひとつの影響は，近代的土地所有制度の導入に伴い，これまでの村落が保持していた共同体的な慣習や制度が崩壊したことである。これまで村の共有地とされていた森林などの土地は無理に特定の個人の所有に帰すようにさせるか，あるいはより多くの事例では，国家が共有地を接収し，自らの所有としていったのである。近代的な制度の導入がそれ以前からの社会制度を衰退させたのである。

　もっとも世界のあらゆる地域で近代的な土地制度が導入されていったわけではない。とくにアジアやアフリカの場合は大きく異なる。近代化に乗り出し，土地の所有者を確定させようとした19世紀から20世紀の

タイは，結局，全国的に近代的な土地所有制度を導入することはできなかった。あるいはインドネシアのジャワのように，オランダ植民地当局が村落の慣習に手をつけるということをあまり好まなかったような地域の事例もある。

　近代的土地制度のほかにも，いくつかの重要な制度があった。忘れてならないのは経済的自由である。職業の自由は，これまでの世襲的な職業や身分制度を否定する概念であるし，移動の自由も経済的合理性の追求を保証する考えでもある。あるいはまた，税制が整備され，以前とは異なり，徭役のように人々が領主に肉体労働で使役されることもなくなった。さらに，政府に集められた税金は国民のために支出されるべきとの考えが広まっていったのである。これらの近代的制度により，人々の自由な経済活動を保障するという思想が世界的に広まりつつあったことの意義は大きい。

（2）　度量衡

　経済のグローバル化を進めた大きな要因のひとつに，度量衡の整備やその世界的な統一化があった。もちろん，歴史的にみれば，それぞれの時代の為政者や社会全体が度量衡の整備に多大な努力を図り，結果として，経済活動の円滑化を保証しようとしてきたことは疑いがない。例えばヨーロッパの町の中心部には市場があったが，そこでは中世の時代から計量所が置かれ，市場での取引を監視したのである。一方，日本でも豊臣秀吉が枡の統一化を図り，京枡を創り出したこともよく知られる。したがって，どの時代でも度量衡の整備が経済活動の円滑化にとって重要であったことは間違いないのだが，19世紀の特徴は度量衡がグローバルに統一化されてきたということである。具体的にはメートル法の普及である。

メートル法は10進法に基づき，長さの単位であるメートルと重さの単位であるキログラムから構成されている。18世紀末，フランスで考案された度量衡であり，当初から世界規格であることを目指していた。地球の円周を4万メートルと定義し，1立方デシ・メートルの水の重さを1キログラムとしたことが基準となっているなど，真にグローバル経済史の話題にふさわしい事象といえるかもしれない。はじめは大して普及しなかったが，19世紀後半になると，次第にメートル法が国際的に人気を集めていった。1875年にはメートル条約が締結されたほどである。とはいえ，アメリカ合衆国では今もって，ヤード・ポンド法が広く利用されており，世界のすべてがメートル法で支配されているわけではない。

これまでに述べてきたように，グローバル化には様々な局面があったことに留意しておく必要がある。例を挙げるならば，アジアでは重さの単位については，古来よりアジアでは約60キログラムを単位とする習慣があった。60キログラムというのは，ちょうど男性がどうにかひとりで持ち上げ，運搬することができる限界である。60キログラムをピクル，ピコルなどと呼ぶこともあるし，東アジアでは1斤を600グラムとし100斤が60キログラムとなり，1担と称されることもあった。つまりメートル法が使われはじめる19世紀以前にも，とくにアジアでは東アジアから西アジアという広い地域で一定の統一性をもった度量衡の制度が存在していたともいえるだろう。

また，メートル法が世界のあらゆる度量衡を廃棄し，メートル法のみが世界で唯一となったわけでもない。世界各地の人々が伝統的な度量衡単位を未だに使っていることは誰もが知っている。そもそも，先に述べたように，マイルといったヤード・ポンド法による距離の単位はメートル法とは異なる単位である。つまり，グローバル化が進んだとはいえ，

それは，決して物事をひとつだけに押し付ける目に見えぬ力の働く運動体ではないのである。

参考文献

- クリスティアン・ウォルマー（2012）『世界鉄道史―血と鉄と金の世界変革―』（安原和見，須川綾子訳）河出書房新社
- グレゴリー・クラーク（2009）『10万年の世界経済史』下（久保恵美子訳）日経BP社
- 小池滋，青木栄一，和久田康雄（編）（2010）『鉄道の世界史』悠書館
- 玉木俊明（2014）『海洋帝国興隆史―ヨーロッパ・海・近代世界システム―』講談社
- ジョージ・ネーデル，ペリー・カーティス編（1983）『帝国主義と植民地主義』（川上肇ほか訳）御茶の水書房
- 横井勝彦（2004）『アジアの海の大英帝国―19世紀海洋支配の構図―』講談社学術文庫
- S・R・ラークソ（2014）『情報の世界史―外国との事業情報の伝達 1815 - 1875』（玉木俊明訳）知泉書館

9 | 開発の進行と人の移動

水島　司

《目標＆ポイント》　グローバル・エコノミーの緊密化が進む中で，第7章で学んだように，開発が世界規模で進み，大きな人口増加がみられた。経済活動の拡大は，一次産品の生産に従事する農民・労働者だけではなく，商業や金融をはじめとする関連産業に携わる人々の空間的再配置を必要とさせ，多くの人々のグローバルな規模での移動をもたらした。本章では，人の移動に焦点をあてて，近代以降のグローバル・エコノミーの展開を学ぶ。
《キーワード》　ヨーロッパ系移民，インド系移民，中国系移民，移民の諸類型

1. 人の移動

　グローバルな人の動きは，近年のグローバリゼーションの中ではじめて生じた事態ではない。環大西洋経済圏の成立過程で，ヨーロッパやアフリカから多くの人々が南北アメリカ大陸に向けて，移民あるいは奴隷として移動した。また，奴隷交易の終焉と前後して，中国あるいはインドからも，中米や北米，あるいは東南アジアに多くの人々が動いた。このような人の移動は，戦乱や抑圧などの政治的な要因や，大飢饉・災害などの一時的な要因で生ずることもある。しかし，それらよりも大きな持続的要因となったのは，地球の各地で進んだ開発が，生産のための労働者と，それらの異空間を繋ぐ役割を果たす人々の空間的な再配置を求めたことである。

　本章は，パクスブリタニカの下で，プランテーションや鉱山，鉄道開

発などが進み，地球の隅々まで開発の波に洗われた主に 19 世紀後半から 20 世紀前半の時期までを対象とし，人の移動にはどのような特徴があったかを見る。

（1） 国別移民数

グローバル・エコノミーの発展の中で，ヨーロッパやアジアから多くの人々が移動した。表 9 - 1 は，19 世紀後半からの国別の移民数を示している。年に 10 万人以上を長期に渡って送り出している国は，イギリス，イタリア，インド，中国である。1846 - 1940 年の総計では，イギリスが 1,659 万人，イタリアが 1,019 万人，インドが 3,000 万人，中国が 1,605 万人である。アジア系移民が多いというイメージがあるが，イギリスをはじめとするヨーロッパ諸国からの移民数も多い。

（2） ヨーロッパ系移民

ヨーロッパ系の移民がどの地域から出ているかについては，19 世紀末までは西ヨーロッパの割合が圧倒的に多いが，20 世紀に入ると南・東ヨーロッパの割合が大きくなる。人口当たりどの国が多くの移民を送っているかでは，イギリス，アイルランドがほぼ一貫して人口中の移民比率が高く，ノルウェーがそれに続く。19 世紀末から 20 世紀にかけては，南ヨーロッパ諸国の比率が高まる。

19 世紀のヨーロッパからの移民の大半は，南北アメリカへ向かった。そのうち，1870 年代までは大半がアメリカ合衆国に向けての移動であったが，それ以降は合衆国以外の南北アメリカ地域への比率が高くなる。

近代の移民は，移動先に何を期待したのか。それを示すのが，南欧の移民送り出し国と，移動先での実質賃金差を，1870 - 1913 年の間に関して示した表 9 - 2 である。実質賃金は，アメリカ合衆国に移動した場合，

表 9 - 1　19 世紀後半からの国別の移民数（単位：千人）

	1846-50	51-60	61-70	71-80	81-90	91-1900	01-10	11-20	21-30	31-40	計
イギリス	199	1,313	1,572	1,679	2,559	1,743	2,841	2,452	1,984	252	16,594
アイルランド				175	700	406	309	135	167	10	1,902
スウェーデン	2	17	122	103	327	205	224	86	107	8	1,201
ノルウェー	12	36	98	85	187	95	191	62	87	6	859
フィンランド					26	59	159	67	73	3	387
デンマーク			8	39	82	51	73	52	64	100	469
フランス	11	27	36	66	119	51	53	32	4	5	404
ベルギー	1	1	2	2	25	22	43	28	17	16	157
オランダ	12	16	20	17	52	24	28	22	32		223
ドイツ	183	622	634	626	1,342	527	274	91	721	124	5,144
オーストリア・ハンガリー	2	31	40	111	436	724	2,342	788	357	57	4,888
スイス		6	15	36	85	35	37	31	50	47	342
スペイン		3	7	13	572	791	1,091	1,306	560	132	4,475
ポルトガル		45	79	131	185	266	324	402	995	108	2,535
イタリア		5	27	168	992	1,580	3,615	2,194	1,370	235	10,186
ロシア				58	288	481	911	420	80		2,238
ポーランド						90	189	183	458	160	1,080
ヨーロッパ計	422	2,122	2,660	3,309	7,977	7,150	12,704	8,351	7,126	1,263	53,084
日本						54	132	144	122	91	543
インド	247	975	1,769	2,740	3,006	4,288	3,292	4,570	6,360	2,755	30,002
中国		96	140	741	1,643	2,001	2,729	2,658	4,019	2,022	16,049
アジア計	247	1,071	1,909	3,481	4,649	6,343	6,153	7,372	10,501	4,868	46,594

出典：杉原薫（1999）：24 - 25.

表9-2 南欧の移民送り出し国と移動先での実
質賃金差 1870-1913年 (単位:%)

Home/Destination	1870	1890	1913
Italy relative to :			
USA	22	24	33
Argentina	41	60	60
Germany	43	46	60
Spain relative to :			
USA	30	34	30
Argentina	57	86	54
Portugal relative to :			
USA	27	28	23
Argentina	51	71	42

出典:Hatton & Williamson (1994):56.

イタリアからはほぼ3-4倍,スペインからは3倍,ポルトガルからは4倍に増加した。また,アルゼンチンに移動した場合でも,イタリアからでは1.7倍から2.5倍に,スペインからでは1.1倍から1.9倍に,ポルトガルからでは1.4倍から2.4倍増になる。こうした数値から,移民の動機に占める経済的動機の大きさが推定できる。

(3) プッシュ要因とプル要因

移民の要因として,戦乱や災害,飢饉など,生存基盤が脅かされたことが契機となる,いわゆるプッシュ要因がある。例えば,インドで1899年から1900年にかけて大飢饉が起き,それをきっかけに多くの移民が劣悪な健康状態で海峡植民地へ渡ったことが報告されている。よく知られているのは,1840年代のジャガイモ飢饉によるアイルランドからの大移民である。主食としていたジャガイモが1840年代に大量に枯れ死し,その結果,アイルランドの人口の,少なくとも20%が餓死あ

るいは病死した。そして 10% から 20% が国外へ脱出し，最終的にはアイルランド島の総人口が最盛期の半分にまで落ち込んだと言われる。飢饉はもちろん，戦争や自然災害によっても人々は移動する。しかし，プッシュ要因が強く働いても，移動していく場所がなければ移動は起きえない。グローバル経済史のなかで重要なのは，プッシュ要因よりもプル要因であろう。

2. インド系移民について

　過去の国別移民数の中で，インド系移民は最も大きな割合を占める。東南アジア各地に今なお残る文字や遺跡に象徴される「インド化」の担い手や，その後のイスラム化の担い手も，インド系移民であった。古くから環インド洋世界をインド系商人が頻繁に往来し，中国，東アジアには，仏教関係者も移動した。但し，近代以前のインド系移民の数は，近隣地域への移動は別として，限定的であった。

（1）19世紀以降のインド系移民
　インド系移民の数が激増するのは，19世紀に入ってからである。1833年のイギリスによる奴隷制廃止以降，サトウキビ・プランテーションの年季契約移民として，1830 – 40年代にかけてカリブ海へ渡った。また，インド洋にあるサトウキビ・プランテーションの土地であるモーリシャスには，1834 – 37年の間だけで，カルカッタから 7,000 人の移民が渡航している。1848年にフランス領でも奴隷制が廃止されると，フランス植民地であったポンディチェリからインド洋各地に移民が渡航した。例えば，1851年には，23,000 人のインド系移民がフランス領のレ・ユニオンで労働に従事していた。

　奴隷労働の代替としてサトウキビ・プランテーションでの重労働に就

くこうした初期の移民を嚆矢にして，19世紀に各地で進んだ農業開発に関連して，大量の移民が海を渡った。スリランカへは茶園労働者として，ビルマへは商人や都市労働者として，マレー半島へは鉄道関連やサトウキビ，ゴム，茶のプランテーション労働者として，東アフリカ・南アフリカへは，鉄道やプランテーション労働者，あるいは商人として，西アジアへは商人としてはもちろん，官吏，技術者，軍人などイギリス植民地統治の一員として，中国へはイギリスのインド軍の兵士として，あるいは香港でのアヘン取引に関わる商人として，さらには日本開国後の神戸，横浜へは商人として移動した。宗主国イギリスにも，船乗りや，藩王一族，高等教育を受けようとする人々が渡航した。北米へは，20世紀初頭から西海岸へ渡り始め，1910年までには，パンジャーブのシク教徒を中心にカナダで，7,000人が鉄道建設や製材所，農園の労働者として働いていた。

表9-3　インド人移民数　1834-1937

(単位：千人)

		出国者数	帰国者数	純流出
1834 ～	40	250	194	56
41 ～	50	487	356	130
51 ～	60	975	680	295
61 ～	70	1,769	1,372	396
71 ～	80	2,740	2,191	549
81 ～	90	3,006	2,412	593
91 ～	1900	4,288	2,804	1,484
1901 ～	10	3,292	2,439	854
11 ～	20	4,570	3,735	835
21 ～	30	6,060	5,073	988
31 ～	37	2,755	2,848	-93
計		30,191	24,104	6,087

出典：杉原薫（1996）：268.

インド系移民の20世紀前半までの時期別の動きを表9-3に示す。10年間を単位とした数値で，少ない場合で25万人，多い場合には606万人もが出国している。他方，帰国者の数も少ない場合で19万人，多い場合で507万人を数える。出入りの多い，数年の滞在期間で帰還する移民が多かったことになる。しかし，平均すると年に6万人の純流出となり，2割が移民先に残ったことになる。

（2）移民の出身階層：不可触民

インド系移民の動きは，以上のようであったが，彼らがどのような出身階層からなっていたかを見ておこう。移民の階層は，移民の時期や移民先の状況によっても異なる。例えばマレー半島へ移動した南インド・テルグー地域からの1935-38年にかけての移民を見てみると，表9-4のようになる。農民が多いが，それよりも職人や各種サーヴィス業に従事していた者の数が多い。また，商人もかなり渡航している。他方，インド社会で最下層の地位にあり人口の4分の1を占めていた不可触民の数は少ない。この地域からの移民の場合には，必ずしも，不可触民を中

表9-4　テルグー地域からマレー半島へ移民の階層構成　1935-38

（単位：人）

Communities	1935	1936	1937	1938
Group-Ⅰ				
Agricultural/Peasant Castes	768	69	2,213	72
Agricultural Labour/Untouchable Castes	34	35	107	37
Group-Ⅱ				
Trading/Commercial Castes	25	–	300	–
Group-Ⅲ				
Service/Depended/Artisan Castes	187	02	4,789	31
Total	914	106	7,409	140

出典：Satyanarayana（2001）：22.

心とした単純労働者が移動したということではないようである。

　他方，同じく1930年代であるが，南インド・タミル地域からの場合には，3分の1かそれ以上が不可触民からなっていたとの研究がある。何割かは，インドの厳しい境遇から逃れようとした不可触民であったのではないかと考えられるが，正確な数については今後の研究を待たなければならない。

（3）移民の出身階層：中間層

　プランテーションへの単純労働者と比較して，数的には少ないが重要な役割を果たした階層として，技術者，官吏，商人，金融業者などの中間層が存在したことは留意すべきである。マレー半島へのインド人移民の中の商人層の割合に関しては，年間1－2万人が渡航したとの報告もある。彼らは，イギリスのアジアでの植民地支配拡大の中で，植民地支配機構と現地社会との間を結ぶ役割，あるいは現地社会をグローバル・エコノミーへ組み込む重要な役割を果たしたのである。

3. インド人金融コミュニティーについて

　中間層移民の中で，東南アジアの開発に特に重要な役割を果たしたのは，南インド出身のインド人金融コミュニティーである。彼らは，イギリスが環インド洋経済圏へ進出すると，それと軌を一にして活動を拡げた。急速に展開する現地社会の商品経済の発展を，積極的な金融活動によって底支えし，アジアの農村部を世界市場へと接合し，グローバル・エコノミーの展開の一翼を担わせる役割を果たしたからである。

　この金融コミュニティーは，ナットゥコッタイ・チェッティヤール（以後NC）である。かれらの出身地が，南インドの旧プドゥコッタイ藩王国にあるナットゥコッタイ地域であったことから，そのように呼ばれる。

かれらは，植民地期に，ビルマ，マレー半島，ベトナム，タイなど，東南アジア各地に進出し，大々的な金融活動を展開し，金融ネットワークを拡大した。かれらの活動がグローバル・エコノミーの展開に果たした役割を，マレー半島のクアラ・カンサルを対象にみていく。

（1）クアラ・カンサルでの NC の金融活動

クアラ・カンサルにやってきた NC 達は，町とその近郊の村々で金融活動を展開した。クアラ・カンサルの商店街は，この地がイギリスの植民地となった 19 世紀末から形成され始める。それ以来の商店街区画に関する金融取引について，債権者の構成を図 9 - 1 に示す。1920 年代までは圧倒的に NC であり，借り手はマレー人，中国人，インド人などから成っている。かれらの活動が商業銀行によって置き換えられるのは，NC が日本軍の進出によってインドへ帰還した第二次大戦前後のことである。植民地支配初期から大恐慌期まで，NC は，この地の金融活動の主役を務めたのである。

NC の活動は，商店街だけではなかった。図 9 - 2 は，クアラ・カンサルの住宅街の取引の状況を示している。商店街の場合と同様に，第二次大戦前まで，NC による貸し出しが圧倒的割合を占めていた。

住宅街の金融取引で注目されるのは，図 9 - 3 に示すように，マレー半島でのゴム・ブームの開始期である 1907 年から絶頂期の第一次大戦中まで，抵当取引が激増している点である。

興味深いのは，抵当と売買の比較である。図 9 - 4，図 9 - 5 に示すように，このゴム・ブーム期には，件数においても金額においても，抵当が売買を圧倒的に上回っている。マレー半島は，20 世紀に入った時点では土地に対して人口が圧倒的に少ない地域であった。クアラ・カンサルでは土地市場自体が成立していなかった。その中で，NC がゴム・ブー

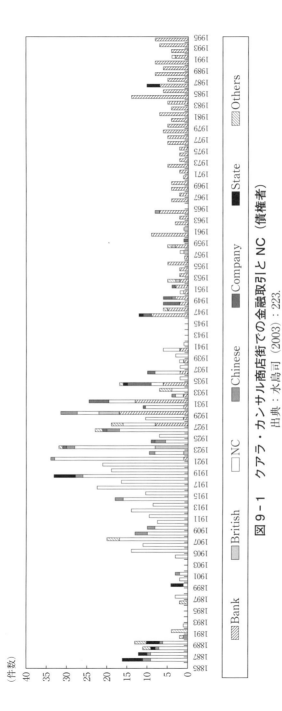

図9−1 クアラ・カンサル商店街での金融取引とNC（債権者）
出典：水島司（2003）：223.

第9章 開発の進行と人の移動 | 133

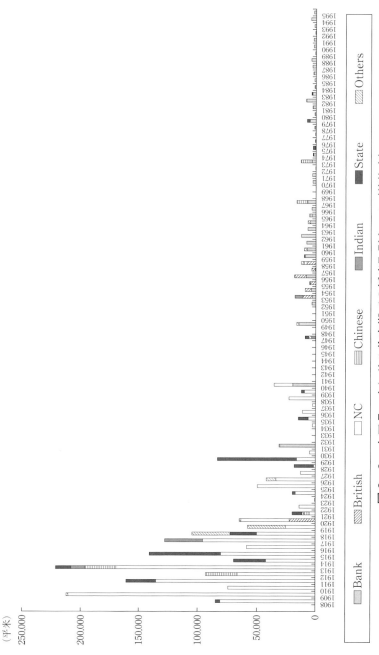

図9-2 クアラ・カンサル住宅街での抵当取引とNC（債権者）
出典：水島司（2003）：226.

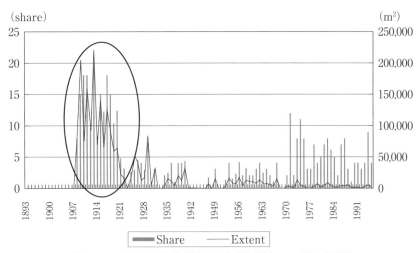

図9-3　NCの住宅街年別抵当取引シェア数・面積
出典：*Entry of Mukim Register* 他より著者作成。

図9-4　住宅街売買件数・抵当件数の比較
出典：水島司（2003）：232.

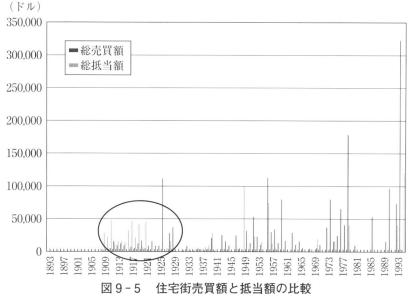

図9-5　住宅街売買額と抵当額の比較
出典：水島司（2003）：232.

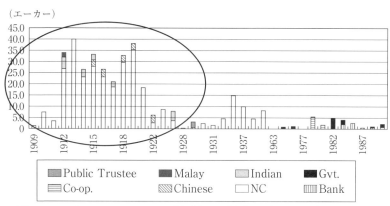

図9-6　クアラ・カンサル近郊村での抵当取引とNC（債権者）
出典：水島司（2003）：229.

ムに乗じて土地を担保とした攻撃的な金融活動を行い，土地に市場価値を持たせ，町全体をグローバル・エコノミーの渦中に引き込んでいったのである。

(2) 農村部での金融活動

農村部ではどうだったか。近郊のJ村を例に，かれらの金融活動を見てみると，図9-6のようになる。ここでも，第一次大戦後の1920年頃まで，NCによる貸し出しが圧倒的割合を占めていたことが見てとれる。

こうした中で，マレー半島では，多数のマレー農民が土地を抵当に入れて借金する事態が急速に進行した。この事態の深刻化を恐れて，1913

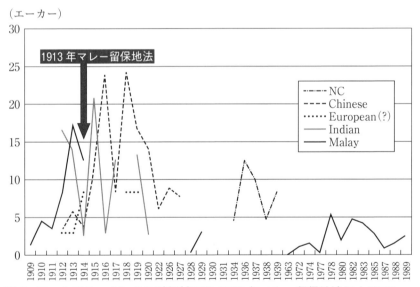

図9-7　クアラ・カンサル近郊村での1913年マレー留保地法によるマレー人所有土地抵当化の停止（債務者）
　　　　出典：*Entry of Mukim Register* 他より筆者作成。

年に，マレー人だけが所有者となれるマレー留保地法が施行された。その結果，NC による金融活動は，既に非マレー人の所有地となっていた土地を除き，停止した。図9 - 7 に示すように，マレー人が債務者になるケースが1910 年代後半からなくなっていくのは，こうした事情による。マレー人がマレー半島の経済活動の中でその後長く取り残されることになった一因は，留保地法により，NC が提供する金融から引き離されたことによる。

（3） NC による金融活動の影響

　マレー半島の植民地化とグローバル・エコノミーへの組み込み，そこでの NC の役割をまとめると，次のようになる。

　マレー半島の植民地化が始まると直ぐに，債務奴隷の解放による労働力市場の整備と，トーレンズ制の導入による土地所有制度の整備が行われた。19 世紀半ばからの錫開発と 20 世紀初頭からのゴム栽培の爆発的展開の中で，マレー半島各地で NC による積極的な金融活動が展開され，それにより土地市場が成立し，都市が成長した。マレー留保地法によってストップさせられたものの，農村部も NC の金融活動によって，グロー

表9 - 5　NC の運転資金の地域的分布（1930 年）

（単位：1,000 万ルピー）

Location of Working Capital	Amount
Burma	75
Federated Malay States	25
Ceylon	14
Cochin China	5
Madras Presidency	1
Total	120

出典：Rudner（1994）：71.

バル・エコノミーへと組み込まれていった。ゴムという世界産品の劇的拡大の渦中で，NC の攻撃的な金融活動が梃子となり，グローバル・エコノミーが大きく拡大していったのである。

（4） NC の活動領域

NC の活動は，マレー半島にとどまらなかった。表 9 - 5 は 1930 年時点での NC の運転資金の地域的分布を示している。マレー半島だけではなく，ビルマを中心に，セイロン，コーチシナなどで広く活動していたことが見てとれる。なお，この金融活動で得られた資金の一部は，南インドの初期工業化の資金ともなっていった。

4. 中国系移民について

インド系移民を事例に，近代の人の移動の特徴を見てきたが，このような特徴は，中国系移民にも基本的に当てはまるものである。ごく簡単に，中国系移民の状況をみておく。

中国系移民は，東南アジア各地に古くから移動していた。元寇や鄭和の遠征などの近代以前の歴史も背後にある。しかし，近代になっての移民は，インド系移民と同様に，奴隷制廃止以降のカリブ海への移民が嚆矢となり，以前からの，より距離的に近い東南アジアへの移動がそれに前後する。

中国人は，奴隷の代替労働力として，年季契約移民としてカリブ海のサトウキビ・プランテーションに移動した。また，アメリカ合衆国へは，19 世紀半ばのカリフォルニアでのゴールドラッシュ後の鉱山労働者として，あるいは大陸横断鉄道の建設労働者として移動した。しかし，黄禍論の高まりの中で，1882 年には中国人移民制限が実施され，1898 年にはハワイにも制限が拡大した。こうした西への移民の道が閉ざされる

表 9 - 6　中国系移民の分布　（単位：万人）

中国系移民の分布	1888	1910	1989	1990
蘭領東インド・インドネシア	35	182.5	420	
シャム・タイ	100	150	400	
マレー半島・シンガポール	59	90	650	
インドシナ・ヴェトナム	20	25	60	
ビルマ・ミャンマー	2	13	50	
フィリピン	5	4	70	
アメリカ合衆国		13.3		126
英領西インド		8		
ペルー		4.7		
シベリア		3.7		
オーストラリア		2.5		
ブラジル		2		
カナダ		1.2		
キューバ		1		

出典：Chaliand & Rageau（1997）：130, 132, 134 より作成。

中，より大きな規模で動いていたのが，東南アジアへの移民であった。
　19世紀後期からの世界の中国人移民数を，表9-6に示す。19世紀には
タイやマレー半島が主であり，20世紀に入るとインドネシアが加わ
る。彼らは，初期にはクーリーと呼ばれる単純労働者として農業開発や
鉱山開発に従事し，その後，流通・小売業へも進出していった。多くが
単純労働を要求される生産の場から抜け出し，流通小売業などに活動の
場を移し，地域によっては流通を支配するに至っている点がインド系移
民とは大きく異なる特徴であったと言って良い。

5. 移民の類型とグローバル・エコノミーの展開

　以上見てきたように，19世紀以降の欧米による世界の植民地化の動きにより，新旧植民地のいずれにも，植民地の政治的支配に携わる人々，植民地の経済開発に携わる人々，実際の労働に従事する人々の再配置が求められ，多くの人々が移動した。そして，植民地・開発地と中枢をつなぐ金融・海運・交易・統治・軍事ネットワークが形成され，それらのネットワークを仲介する人々もまた，配置されていった。

　このようなグローバル・エコノミーの中で動いた移民を類型化すると，次のようになる。第一は，単純労働者を主体とした開発型移民である。19世紀に進んだ世界規模での分業空間の展開が，労働力の再配置を要請し，そこに，開発型移民が，分業空間自体の拡大を生みながら移動した。第二は，商人を主体としたネットワーク型移民である。異なる分業空間の生成と拡大は，それらを結ぶネットワークを形成し，ネットワークに従事する人々の再配置を要請したことによる。第三は，制度型移民である。官僚，軍人，医者，教育者，法律家などからなる制度型移民は，異なる分業空間に生成された共通の制度を足場にして移動した。グローバル・エコノミーは，これらの移民の動きと共に展開していったのである。

まとめ

　グローバル・エコノミーの発展は，世界各地での経済活動が互いにリンクしながらも，個々の空間がそれぞれ特定の生産を引き受けたことから，生産活動の再配置に応じた人の移動が大規模に進んだ。また，それらの異なる生産空間をつなぐネットワークに従事する者や，現地社会の商品経済化に必要な金融に従事する者も移動した。今日の世界諸地域の

構造は，こうした人々の動きの結果として成立したものである。

参考文献

・杉原薫（1996）『アジア間貿易の形成と構造』ミネルヴァ書房
・杉原薫（1999）「近代世界システムと人間の移動」『岩波講座世界歴史19　移動と移民—地域を結ぶダイナミズム』岩波書店
・水島司（2003）「イギリス植民地支配の拡張とインド人ネットワーク」『現代南アジア6　世界システムとネットワーク』秋田茂・水島司（編）東京大学出版会
・Chaliand, Gerard & Rageau, Jean-Pierrre.(1997) *The Penguin Atlas of Diasporas*, Penguin Books.
・Hatton, Timothy J. & Williamson, Jeffrey G.(1994)*Migration and the International Labor Market 1850‒1939*, Routledge.
・Jain, Ravindra K.（1993）*Indian Communities Abroad: Themes and Literature*, Manohar.
・Rudner, David West.(1994)*Caste and Capitalism in Colonial India: the Nattukottai Chettiars*, Munshiram Manoharlal Publishers.
・Satyanarayana, Adapa.（2001）"Birds of Passage: Migration of South Indian Labour Communities to South-East Asia: 19‒20th Centuries, A.D.", *Changing Labour Relations in Asia*, International Institute for Asian Studies, Working Paper, No.11, Amsterdam.
・Tinker, Hugh.（1993）*A New System of Slavery: The Export of Indian Labour Overseas 1830‒1920*, Hansib Publishing Limited, London.

10 | 国際金融と金本位制

島田竜登

《**目標＆ポイント**》 グローバル・エコノミーの一体化や緊密化は，国際金融網の整備を求める。金本位制は 19 世紀初頭にイギリスで導入され，19 世紀後半には欧米各国に導入された。こうして国際決済や国際資金供与といった金融ネットワークが整備される一方，アジアでは金本位制を導入せず，あえて銀貨国のままであり続ける地域も存在した。本章では，この金融の世界体制の整備状況とその特徴を解明する。

《**キーワード**》 金本位制，ザ・シティー，国際金融ネットワーク，銀貨圏，植民地銀行，華僑・華人，華僑送金

1. 金本位制と国際金融

（1） 金本位制の導入

金本位制とは近代世界経済を特徴づける制度のひとつである。金貨を本位貨と定め，金貨のみを国内で唯一の基準となるべき通貨として定める。そのうえで，各国の中央銀行を中心とした紙幣発券銀行が，一定量に固定された金との交換を保証した兌換紙幣を発行し，国内に流通させるというものである（正確には金地金本位制と呼ぶ）。19 世紀初頭の1816 年から 1817 年にかけて，イギリスは世界に先駆けて金本位制を導入した。しばらくはイギリスだけが金本位制を実施していたが，1870年代には欧米諸国の多くがあいついで金本位制を導入することになった。

1870 年代に欧米諸国に導入された金本位制は，その後の 100 年にわたって通貨や金融の面から世界経済を支えた。ある意味，近代世界経済

にとってのグローバル・スタンダードであったともいえる。もっとも，この金本位制は，この100年間，常に変わらず採用されていたのではなく，第一次世界大戦期には一時停止された。また，1930年代始めの世界恐慌期から1940年代の第二次世界大戦期にかけて，列強各国は金本位制を停止させ，自国通貨を基本として，それぞれのブロック経済圏を構築していった。イギリスは本国と世界各地にあった植民地をまとめて，ひとつの通貨圏であるポンド・ブロックを創り出し，フランスも同様にフラン・ブロックを構築するといった具合である。

　第二次世界大戦中に仕組みが整えられた，いわゆるブレトンウッズ協定（1944年締結，1945年発効）では，アメリカ合衆国のドル紙幣のみを金との交換が可能な兌換紙幣とし，世界の基準通貨として位置づけられることになった。第二次世界大戦後，アメリカ合衆国を除く各国の紙幣は，発行元の中央銀行で直接，金と兌換することはできなかったが，米ドルとの交換レートを固定化した。たとえば，戦後の長い間，日本円と米ドルの交換レートが1米ドル＝360円とされていたことが，その一例である。かくして各国通貨は米ドルとの固定レート制をとることで，実質的には米ドルを介して各国通貨は金との兌換が保証されていたのであった。つまり現実的には金本位制が継続したのである。

　しかし，1971年8月15日にアメリカ合衆国大統領のリチャード・ニクソンが，米ドルと金との交換停止を突然，宣言する。以後，若干の混乱の後に，米ドルを含め各国通貨の交換レートは変動相場制に移行した。長期的にみると，1870年代にグローバル・スタンダートともなっていた金本位制は，このニクソン・ショックにより終焉を迎えた。近代の世界経済を特徴づけた金本位制が終息したことは，グローバル・エコノミーにおいて大きな変化だったともいえるだろう。

(2) 金本位制のメリット

　金本位制のメリットはいくつかある。ひとつは金本位制を導入することで一国の通貨制度が比較的安定することである。それ以前には多くの場合，金貨や銀貨，銅貨など様々な通貨が一国内で流通していた。金貨を唯一の本位貨幣とすることで，金をベースにして国内通貨を管理することが可能となったのである。

　もうひとつの金本位制を採用することのメリットは，国際決済の容易さと国際金融システムの安定化を可能にすることである。金本位制を採用している国々の間では，それぞれの国内経済では別々の通貨が流通していても，金を媒介にして各国の通貨の交換レートは常に一定に維持される。いずれの通貨も金との交換価値を固定させているからである。そのため，国際貿易などを推し進めるうえでありがたいことに，輸出側にも輸入側にも為替変動のリスクが生じることはない。このことは，貿易決済の安定化ばかりでなく，国際的な金融の安定化にも役に立った。たとえば19世紀当時の国際金融の中心地はロンドンであったが，ある国がロンドンで国債を起債する，ないしは融資を受ける場合には，同じ金本位制採用国であれば，為替レートの変動のリスクという好ましからぬ影響を長期的に受けずに済んだからである。

　アジアの場合は，のちに述べるように19世紀以前から，どちらかといえば銀本位であり，アジアの一部の国とヨーロッパ諸国の植民地だけが19世紀後半に金本位制を採用したにすぎなかった。オランダ領東インド（ほぼ現在のインドネシアに相当する）が1877年に，（南アジアの大部分を占めた）イギリス領インドが1893年に金本位制を採用した。

　日本の場合は1897年に金本位制を採用したが，この金本位制の採用は，すでに明治初期以来，金本位制を採用するか否かを迷ったうえでの決断だった。1894年から翌年にかけて戦われた日清戦争で勝利を収め

た日本が，中国からの賠償金を元手に金本位制を採用したとされる。この採用に至った理由のひとつとして，欧米で主流の金本位制を採用すること自体が，日本も先進欧米諸国と肩を並べることができるという国家としてのステータス問題でもあったのである。なお，アジアでは，ほかにタイ（シャム）も1902年に金本位制を採用した。

2. 国際金融ネットワーク

（1） ロンドンのザ・シティー

　金本位制の最初の導入国であり，最初の産業革命を成し遂げたイギリスの首都ロンドンは，19世紀には世界経済の中心とも呼ぶべき地位に立った。しかし，次第に他の欧米諸国が工業化を成し遂げてゆくと，イギリスの工業は相対的にその世界的重要性を失っていった。一方，イギリスが強さを誇るようになったのが国際金融の分野である。

　イギリスがグローバルにリードした国際金融センターの所在地は言うまでもなく，ロンドンであった。テムズ川北岸にあるロンドン中心部のザ・シティー The City（日本ではしばしば単にシティーと呼称される）に，グローバルな活動をする金融会社の本社が並んだ。とくに金融街でイングランド銀行のあるロンバート街がイギリスやグローバル経済の中心となるかの様相を呈するに至った。一帯にはイングランド銀行やロンドン証券取引所があり，ロイズ保険組合といった世界的な規模で活躍する金融業者が軒を連ねたのである。

　この地を中心に各国際金融業者を通じてグローバルな国際金融ネットワークが世界に広がっていた。ちなみに，この19世紀のロンバート街は，20世紀以降に世界経済をリードしたニューヨークのウォール街によく対比される。いずれにせよ，19世紀後半には，イギリスは，産業資本家がイギリス国内政治や世界経済をリードする国ではなくなり，もはや

豊富な資本と優れた金融技術で世界の経済をリードするようになったのであった。

　それでは具体的にどのような点において，ロンドンが世界の金融をリードしたのであろうか。そもそも 19 世紀後半になると，国際金融は単なる国際為替や貿易決済業務の域を超えており，むしろ国際的な投資活動を主体的に行うための機関となっていったのである。例えば，ある国で鉄道を建設するというような場合に資金を提供できる環境がロンドンに整った。つまり，国際的な開発を資金面で支えるのがロンドンの金融街の仕事となったのである。

（2）　アジアでの国際銀行

　19 世紀以降，アジアで活躍した国際銀行は大きく分けて，民間系の植民地銀行と植民地当局ないしは宗主国の植民地省などと強い結びつき

表 10 - 1　主要国の対外投資残高，1825 - 1914 年

（百万英ポンド）

国	1825 年	1840 年	1855 年	1870 年	1885 年	1900 年	1914 年
英国	102.8	143.9	472.7	1,007.0	1,603.0	2,486.6	4,110.2
フランス	20.6	61.7	205.5	513.8	678.2	1,068.6	1,859.8
ドイツ					390.5	986.4	1,191.9
オランダ	61.7	41.1	61.7	102.8	205.5	226.1	246.6
ベルギー＋スイス							883.6
米国				20.6	82.2	102.8	719.3
カナダ						20.6	41.1
その他							328.8
合計	185.1	246.7	739.9	1,644.2	2,959.4	4,891.1	9,381.3

注）原表の単位は米ドル。それを，1 英ポンド＝4.866 米ドルで換算している。
出典：菅原歩（2014）：158.

をもった政府系の植民地銀行の2つのタイプがあった。

　民間系の植民地銀行としてはイギリス系の銀行が中心である。例えばオリエンタル銀行（1842年にボンベイで設立，1893年倒産），チャータード銀行（1853年にロンドンで設立），香港上海銀行（1865年に香港で設立）などがある。こうしたイギリスの植民地銀行は，アジアでの金融業務を得意とし，おもにイギリスのアジア進出や植民地支配と強い関連性をもっていた。貿易金融や国際送金などの国際決済銀行としての業務のほかに，植民地銀行としての性格をも併せ持ったのである。

　こうしたイギリス系の植民地銀行は，アジアにおけるイギリスの植民地ばかりではなく，日本政府の資金調達のためにも活躍し，また，タイといった独立国で発券業務をも担った。例えば，現在の香港では，3つの銀行が発券業務を行っている。中国銀行（香港），香港上海銀行，チャータード銀行である。このうち中国銀行は1997年の香港の中国返還に先立つ1994年に発券業務を開始することになったが，現在も香港上海銀行とスタンダード・チャータード銀行も依然として香港で紙幣を発行している。こうしたイギリス系の銀行が紙幣を香港で現在も発行し続けるのは，アヘン戦争後の1842年の南京条約で香港がイギリス領となったのち，オリエンタル銀行が香港での発券業務を引き受けたという伝統があるからである。また，独立国であったタイにおいても，こうしたイギリス系の民間銀行である香港上海銀行が19世紀末から20世紀始めにかけて発券業務を担っていた。

　一方，イギリス以外が支配するアジアの植民地においては，その宗主国各国系の民間銀行も存在していた。イギリス以外の植民地では本国植民地省ないしは現地の植民地政府が主導して設立された金融機関も存在した。しかしながら，こうした非イギリス系のヨーロッパ系の銀行はそれぞれの植民地に特化した業務に従事しており，イギリス系の民間銀行

が広くアジアを対象に営業を行ったこととは対照的であった。

　一般に，イギリス以外の植民地においては，植民地当局ないしは本国植民地省の影響を強く受けた植民地銀行が重要な存在であった。代表例としては，オランダ領東インドのジャワ銀行（1828年創設）やフランス領インドシナのインドシナ銀行（1875年創設）がある。ジャワ銀行はオランダ領東インド通用の紙幣を発行する発券銀行の機能を果たしつつ，一方で一般的な銀行業務も行った。インドシナ銀行でも仏領インドネシアで同様に，発券銀行業務と商業銀行業務の双方を行った。

　なお，日本の植民地に設けられた台湾銀行（1899年創設）や朝鮮銀行（1911年創設），さらには表面的には独立国を装った満州国の満州中央銀行（1932年創設）は，こうした植民地政府系の金融機関であったと位置づけることが可能である。植民地内で通用する紙幣を発行するという発券銀行の役割が重要であったが，そのほかに融資業務などの商業銀行としての役割も果たした。

3.　アジアの国際金融

（1）　銀貨圏

　これまで述べたように，アジアでは本来，銀貨が主要な商業取引での通貨であった。とくに16世紀に日本や中南米からの銀が多量にアジアに流入し始めると，この銀貨志向型の傾向は，より一層強まった。例えば第3章で述べた中国明朝の銀納制（一条鞭法）が好例である。

　もっとも19世紀の第4四半期には銀貨国に大きな環境変動が生じた。すなわち，この時期，長期的にみて世界的に銀価格が低下し続けたのである。この場合の銀価格とは金表示での銀価格という意味であり，ありていに言えば，金貨は銀貨に対して相対的に高値になる傾向が継続したということである（図10-1参照。なお海関両とは中国の銀貨の一種）。

この銀価格の低落理由は，当時から様々な推測がなされた。主だった理由として，1870年代に欧米各国があいついで金本位制を採用したことと世界的な銀の増産が続いたことが当時から指摘されている。いずれにせよ，銀価格が金価格に対して長期にわたり低落したので，このことは，銀貨を本位貨幣とする銀貨国が，金貨国に輸出を行う場合，有利に作用した。銀貨国にとっては，自国通貨の価値が毎年低落するので，それだけ自国産品が金貨国の目からすると安価となり，銀貨国から金貨国への商品輸出が伸びるのである。

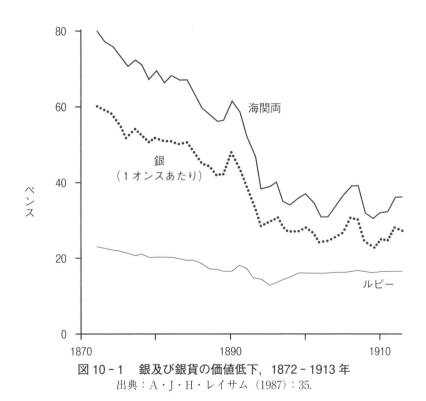

図10-1　銀及び銀貨の価値低下，1872-1913年
出典：A・J・H・レイサム（1987）：35.

こうした現象によって，アジアの銀貨圏から金貨国である欧米への輸出の増大，つまりは原料産品の輸出増大により典型的な原料供給地としてアジアという形を作りあげていった。もちろん，日本も19世紀末の日清戦争後に金本位制を採用したが，金本位制を採用することで，銀貨国への輸出が伸び悩むことになるという将来のリスクを抱えながらの決断だったのであった。

（2） 現地での金融業務

アジアでは，先に述べたような宗主国の政府系や民間系の銀行が金融面において，幅を利かせていたのかというと，実際にはそうではなかった。実際のこまごまとした金融業務を，欧米の外国人銀行員が直接自らの手で行うことなどは不可能であろう。言葉も文化も違う以上，適切な人物からお金を預かり，信頼のおける人物に貸し付けを行い，利子とともにしっかり元金を回収するには，現地社会に密着した人物でなければならなかった。

そこでアジアの植民地社会でとられた金融のシステムは次の通りである。宗主国の政府系ないしは民間系の銀行は，植民地経済において発券銀行の役割を担った場合もあるが，同じ程度に重要な業務として，資金の提供者となり，現地の有力な商人に融資を行うということがしばしば見られた。そして融資を受けた現地の金融業者が実際に雑多な日々の金融業務を行ったのであった。

金融の業務を担ったアジアの有力な商人は，多くの場合，外来の商人の系譜を持つことがしばしばあった。たとえば華人商人のように，アジアの別の地域からある地域に移住してきた外来商人たちがビジネスの一環として金融業にも乗り出していたのである。こうした外来商人の代表としては中国系の華人が有名であるが，そのほかにもインド系の商人も

活躍していた。いずれも東南アジアにおいて，19世紀末以降に活動の場を見出した。

東南アジアの華人を例にとると，彼ら中国からの移住者のうち，時に何世代も通じてビジネスに成功した家系の人物が，金融業にも乗り出す場合がしばしば見られた。もちろん金融業にもさまざまな種類がある。現地人や華人一般に日々の生活資金や自営業の業務資金を提供する小規模な金融業者もあったし，あるいはまた農地開拓などの土地開発や貿易金融を行う大規模な華人商人もいた。こうしたさまざまな業務のうち，最も目を引くのは華僑送金と呼ばれる一連の国際送金業務である。

（3）　華僑送金

そもそも東南アジアには中国からの移住者の子孫が多い。彼らについては，日本では一般に華僑と呼ばれる。僑という字が示す通り，彼らは一時的に滞在している人物のことを指す。実際に東南アジアに移住した中国人の多くは，生涯のうちの一部を東南アジアで過ごし，金をためて中国に帰国することが一般的であった。要は出稼ぎなのであり，それゆえ男性が単身で東南アジアに渡航することが多く，一般的に血縁や地縁をたどって年季契約労働者などの形で渡航した。渡航先は東南アジアが多かったがアメリカ大陸各地にも移住した。

ともあれ，東南アジアに中国人男性が単身で移住すると，なかには現地に定住し，現地の女性と結婚して，子供をもうけ，現地で亡くなるという人物も現れてくる。かくして，現地生まれの次世代となると，彼らはもはや華僑ではなくなり，中国系の移住者の子孫という意味で華人と称せられることが多い。歴史的にみると，かなり以前から中国人の東南アジア移住が知られているが，とくに18世紀には増加し始め，19世紀には激増することになった。彼らは東南アジアに移住すると様々な肉体

労働に従事した。プランテーション農園の労働者であったり，金や錫の鉱山労働者，あるいは港湾労働者となったり，あるいはまた露天商を含む小売業者など，下層労働者として東南アジアの経済発展に大きく貢献した。

　東南アジアに移住した第一世代の中国人は基本的に出稼ぎ的な要素が強く，彼らは賃金を得て小金を貯めると，定期的に本国の家族のもとへ送金を行った。彼らは同じく華人系の金融業者を訪れ，中国への国際送金を依頼した。華人の金融業者は，国際送金を扱う欧米の金融機関も経由させながら，無事，本国の家族のもとへの送金を実現させたのである。これが，いわゆる華僑送金と呼ばれるもので，アジア内部における国際資金移動の一角を占めるほどであった。

　いずれにせよ，グローバル・エコノミーが緊密化すると，国際的な金融ネットワークの構築が求められた。19世紀を通じて，ロンドンを中心とした国際金融ネットワークが成立していった。表向きは，欧米系の銀行が世界の金融を支配しているかの様相を呈したが，実際に彼らがすべての銀行業務を行うことは不可能であり，華人やインド人などが中間的な立場で国際的な金融業務の実態的運用を担っていたのである。ここに，経済のグローバル化という問題は，子細に検討すると，欧米資本の世界的な支配の進展という短絡的な結論には程遠く，実態は複雑な構造を持ち，多数の利害が絡み合うシステムが形成されていったことが分かるであろう。

参考文献

・金井雄一（2004）『ポンドの苦闘─金本位制とは何だったのか』名古屋大学出版会
・権上康男（1985）『フランス帝国主義とアジア─インドシナ銀行史研究─』東京大学出版会
・斯波義信（1995）『華僑』岩波新書
・菅原歩（2014）「国際資本移動と国際労働移動 1870‐1913 年」西村閑也，鈴木俊夫，赤川元章編『国際銀行とアジア 1870〜1913』慶應義塾大学出版会
・濱下武志（2013）『華僑・華人と中華網─移民・交易・送金ネットワークの構造と展開─』岩波書店
・A.J.H. レイサム（1987）『アジア・アフリカと国際経済 1865‐1914 年』（川勝平太，菊池紘一訳）日本評論社

11 | グローバル経済の深化と
　　　　ライフスタイル

島田竜登

《目標＆ポイント》　産業革命以後，世界の人々のライフスタイルは次第に変化した。食や衣料の西洋化が始まったばかりではなく，時間を基準にした労働システムが，人々の時間観念を変化させ，労働そのものの意義も変えてきた。本章では，働くというのはどのような意味を持つのかを考える。また，グローバル化がもたらす負の側面についても解説する。
《キーワード》　食，衣料，学校教育，時間観念，余暇，旅行，感染症の世界的流行，高度大衆消費社会

1. ライフスタイルの変化

（1）工業化と労働

　19世紀に世界が本格的な工業化を経験し始めると，人々の生活スタイルは大きく変化していった。工業化がなされた社会での大きな変化は，賃金労働者として過酷な労働を強いられ，不衛生な環境に生きてゆかざるを得なくなった肉体労働者の発生である。また，工場などで女性や子供も過酷な長時間労働をせざるを得ない状況に追い込まれた。

　産業革命はまさしく二面性を持っていたのである。生産における徹底した機械化が工業的発展を支え，世界の人々に優れた製品を安価で提供できるようになったことがプラスの側面である。一方，機械はそれを動かす人間がいないと稼働はできない。機械化が成し遂げられつつも人間なしには生産はありえないわけだが，にもかかわらず機械を動かす人間は過酷な労働を強いられたというマイナスの側面である。しかも，機械

に取り囲まれた人間が機械に働きかけて作り出す製品をその労働者自身が使用することはほとんどない。いわば労働者は疎外された立場に置かれることになったのであった。

ちなみに，経済史研究は様々な意味で現代社会に深い示唆を与えることが大きい学問である。20世紀後半には世界各地の発展途上国と呼ばれた国々で工業化が目指されたが，そのとき工業化達成のモデルとして近代欧米諸国や日本が一種の手本として重宝されたのである。その際に問題となったことは，急速な工業化を成し遂げる期間，人々の生活水準を低下させるという恐れである。つまり，20世紀後半の途上国は工業化をぜひとも成し遂げたいが，その工業化の初期段階には労働者が過酷な状態に置かれかねないことを経済史からの教訓として知っていたのである。そのようなマイナス効果は十分には回避できたとは言えず，そして今もなお，これから工業化を成し遂げようとする国々にとっては，この問題は差し迫る課題となっている。

(2) 食の変化

さて，近代化とグローバル化に伴う人々の大きなライフスタイルの変化は，食と衣料に明瞭に現れた。まず初めに，食の変化について検討してみよう。非西洋社会における食文化の西洋化は大きな変化であることに誰も異を唱えることはない。日本を事例にすれば，明治維新以後，肉食やパン食が日本社会のなかで一般化していった。また，牛乳や乳製品も時間はかかったが，広く一般庶民に受け入れられていったのである。

しかしながら，注目すべきは単に非西洋社会における食の西洋化だけではない。むしろ，食の西洋化といったことは単に食文化を表面的にとらえただけに過ぎないかもしれないのである。より重要なことは，西洋化を成し遂げつつ，各社会は独自の食文化をつくりあげたことであるし，

もうひとつの重要な側面は，食の生産地がグローバル化し，世界各地で生産された農産物がグローバルな流通ネットワークを通じて，これまた世界の様々な地域で消費されるようになったことである。このことを詳しく見てみよう。

　第一に，食文化が世界各地で独自に発展を遂げたことについてである。これも，身近な日本を事例に考えてみよう。日常，日本人の食卓にのぼるものとして，トンカツとカレーライス，それにラーメンがある。トンカツはもとは西洋料理であったかもしれないが，やはり日本で独自に変容を遂げた食のひとつであろう。トンカツソースをかけ，和がらしをつけて食する。カレーライスも本来は南アジア料理であるが，イギリスを経由して日本に入り，独自の発展を遂げた。さらにラーメンは，かつては日本の大陸進出に伴って日本に入った食ではあったが，まったく中国とは異なる独自の進化を遂げている。こうして考えてみると，グローバル化の進展に伴って新たな食文化が入るものの，その後には独自に変容していったことが理解できるであろう。

　第二に，食料を中心に，食品がグローバルに流通し始めたことも注目すべき事柄である。米や小麦は近世以来，地域内貿易の重要な流通商品であり，地域内分業が長い時間をかけて進んでいったことが知られている。たとえば，米は東南アジアのジャワやタイ，ベトナム南部，ミャンマー（ビルマ）で多量に生産され，国内需要ばかりか，東南アジア各地や中国，南アジアにも輸出された。およそ18世紀ごろから，こうした米の海外需要向け生産が開始され，20世紀前半には地域内分業ともいえる状況を生み出していった。一方，小麦についてはヨーロッパの地域内貿易において，近世以来，極めて重要な商品であった。東ヨーロッパで生産された小麦やライ麦がヨーロッパ各地に供給されたのである。しかし，19世紀には交通の発達とともに，小麦が世界各地で生産され，

グローバルに流通するようになった。

　こうした穀物貿易による新たな生産地の開発は長い時間をかけて発達したが，食文化をさらに大きく変えたのは冷凍船の登場であろう。1870年代に実用化された冷凍船の登場によって，たとえば南米で生産された牛肉がヨーロッパ市場に向けて輸出されるようになったのである。かくして，食品のグローバルな国際分業が進展するにつれて，安価な食物が世界各地の消費者に提供されるようになった。大量消費が一般に可能になっていったのであり，これはまさしく食文化の大変化といえるだろう。

（3）衣料の変化

　衣料についても同様のことがいえよう。まず思いつくのは非西洋社会における衣料の西洋化である。現在では民族衣装と呼ばれる衣料から，19世紀末から20世紀を通じて靴を含めて衣料は大きく西洋化された。また，下着の変化も重要であり，20世紀前半には西洋的な下着の着用が非西洋社会でも一般化していった。もっとも，各地での文化変容を見逃すことはできない。日本人がスーツを着るのも，それは日本の会社文化と密接な関係をもっているだろう。現在，日本で見られる結婚式の男性一般参列者の礼服は日本独自に展開したものである。また，Ｔシャツ文化とも呼ぶべき現象が現在の熱帯社会では広く見られる。服装が西洋化したといえども，Ｔシャツ文化は熱帯社会の独自のグローバル化への対応ともいえるのである。

　グローバル化というものは，社会に他の文化をもたらすが，長い時間をかけても，完全にグローバル的に文化が統一されるわけではない。新たに文化を導入する社会で独自の進展を遂げるということにも着目すべきなのである。

（4） 学校教育の充実

近代経済を成立させる要件として，国内市場の統合，国際貿易からの産業保護，銀行業の発展といった要件に加えて，大衆教育の促進が必要要件として挙げられる。これは経済史家のロバート・アレンの指摘した発展の標準モデル（standard model of development）と呼ばれるものである。他と並ぶほど，学校教育の整備は近代化にとって重要なのである。

近代的な学校制度の整備は主に2つの方向で進められた。ひとつは高等教育ないしは中等教育における技術教育や実業教育の充実である。経済の近代化を果たそうとする国においては，大学も重要であるが，別に技術や実業に特化した高等教育機関があいついで設立された。医学校や工学系の諸学校，それに法律学校，商業学校，外国語学校などである。大学のカリキュラム自体もこうした技術・実務教育のプログラムを取り入れたが，大学以外にも技術・実務教育に特化した高等教育機関や中等教育機関が数多く設立されたのだった。

他方，学校教育のもうひとつの柱は初等教育の充実で，できる限り国民全体に初等教育を受けさせようとするものである。初等教育においては，読み書きや一般的な算数の学習，加えて社会道徳などの教育がなされる。経済的な効果を見ると，社会の識字率の向上とともに，国民全員が経済活動に必要な最低限の知識を習得するとともに，かつ卒業後，労働に従事するための社会性を身に着けさせる効果をもつ。初等教育を完全に実施することは国家として財政上大きな負担である。中・高等教育における技術・実務教育に比べ，その効果は一見すると目に見えにくいが，社会全体として労働力の向上と能力の平準化を行うという一種の社会的な人的資本の整備ということであり，経済発展のための社会的投資でもあった。

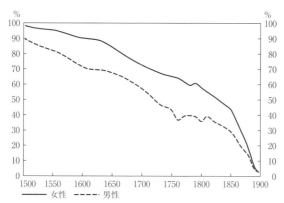

図 11-1　イングランドの男女別文盲率の推移
出典：大久保桂子（1987）：73.

　こうした学校教育の普及は人々の生活の根本に大きな影響を与えた。すなわち，学校教育制度の整備が人々に与えた影響は時間概念を変化させたことである。学校は日々，定時に始まり，定時に終わる。一日には数時限の授業があり，1年間は数個の学期に分かれて，期末試験もある。近代化に伴う人々の時間意識の変化は，大きな社会変化のひとつであったことは確実である。

2．時間観念

(1) 労働と時間

　産業革命以後の労働者を取り巻く最も大きな生活スタイルの変化は，時間を単位に労働がなされるということである。「時は金なり（Time is Money）」というのは，アメリカ合衆国の建国に関わった，科学者であり政治家であったベンジャミン・フランクリン（Benjamin Franklin, 1705-1790年）の言葉であり，これは近代社会を象徴するものとみな

されている。ともあれ，産業革命を経て賃金労働者の制度が社会的に確立し，労働者は1時間あたりいくらという賃金を受け取ることになった。

産業革命が始まる前には，時間観念というのはいくらか大らかなものであった。そもそも時計が一般に広まる前の時代であったから，人々が時間の変化を普段の生活で意識するのは，日の出と日没，それに教会や寺院の鳴らす時鐘程度であっただろう。しかしいまや賃金労働者は自らの時間を切り売りしなければ自らを再生産できなくなったのである。

しかも，先に述べたように，労働してモノをつくり出す生産活動について，例えば製造業であっても，自分で生産した商品を自らが消費する可能性は極めて低く，名も知らぬ，さらには世界の遠い所に住む人が消費をするために過酷な労働を行ったのである。まさしく労働者は工業化以前と比べて人間として疎外された存在となってしまったのである。もっとも労働者はこのような悲惨な生活にばかりに明け暮れていたわけではなかった。夢も希望もなければ，強制されても誰も過酷な労働はしたくはないであろう。

（2） 余暇と旅行

労働が時間を単位として人々を拘束する一方で，余暇というものが社会に広まり，さらには制度化された。近代国家は，産業革命以後，労働者を保護したり，さらには国家が社会的な生活の保障制度を整えたりし始める。道徳的問題のほかに，労働者なくして産業発展はありえないからではあるが，加えて余暇を楽しむことを社会的かつ組織的に整備していった。

その代表的なものは公園の整備である。とくに都市では公園が整備されていった。基本的には都市自治体の仕事ではあるが，国家がそれを奨励していったのである。もちろん余暇という概念は存在しなかったかも

しれないが，19世紀以前の世界にも余暇が存在したことは確かである。伝統社会における祝祭日を中心に，民衆のなかに様々な娯楽があった。それゆえ，19世紀以後の余暇とは，余暇を提供することが制度化され，私的なサービス産業ないしは公的サービスとして存在するようになったことが特徴といえるだろう。

　余暇を提供する産業に関連して，もうひとつ近代社会に特徴的なことは，旅行の増加とその大衆化を指摘することができる。鉄道や海運といった交通の発達は旅行にかかる時間を短くし，しかも低廉なものとした。そのため，国内旅行にせよ，海外旅行にせよ，幅広く人々がこれまで以上に旅行を楽しめるようになった。観光地が整備され，旅行会社が設立され，人々を観光旅行に誘ったのである。

　近代的な旅行会社として，1840年代に特に格安の団体鉄道旅行を生み出したことに起源を持つイギリスのトーマス・クック社が知られる。同社は19世紀後半にはヨーロッパ旅行を中心に世界旅行の企画を提供したり，ヨーロッパ鉄道時刻表を発売した。21世紀にはほとんど使われなくなってしまったが，近代的なトラベラーズチェックの発売を実施したりするなど，様々な旅行関連の商品開発も行った。

　また，宗教的動機に基づく，巡礼や参詣旅行も増加した。たとえば，イスラーム教徒は生涯に一度，イスラーム教での最高の聖地メッカを巡礼することを奨励されるが，今まで以上に多数で，幅広い階層の人々がメッカを訪問するようになった。メッカに遠い南アジア，東南アジアから，これまでは一部の富裕階層のみしか訪問できなかったが，巡礼船が仕立てられ，多数の人々がメッカを訪問するようになったのである。もちろん，人々が向かった先はメッカだけではない。イスラーム教の場合も，世界各地に聖地とされる場所があるが，それらの地にも人々は参詣し，聖地にも参詣宿が設けられた。うがった見方をすれば，宗教に名を

借りた観光旅行とも言えなくはないが，いずれにせよ，人々に安らぎを
与える機会となったことは間違いないであろう。

3. グローバル化が抱える負の側面

（1） 感染症の世界的流行

　19世紀以降の交通の発達は，なにもプラスの効果だけを世界の人々
にもたらしたわけではなかった。交通の発達で感染症が急速に世界的に
広がり，パンデミックを引き起こしたことを見逃すわけにいかない。19
世紀に世界が密接化する中で起こった感染症として，コレラの流行があ
る。1817年，英領インドのカルカッタで発生したコレラは瞬く間にア
ジア・アフリカ中に伝播した。鎖国体制下の日本にも伝わっている。こ
の後，数度にわたってコレラは世界的に流行し，早くも1829年に始ま
った第2次パンデミックではアジア・アフリカのほか，ヨーロッパやア
メリカ大陸まで達した（図11-2参照）。コレラのほかにも，20世紀に
はインフルエンザの世界的流行などもあり，交通の発達は感染症のグ
ローバルな伝播という事態を招いたことは確かである。

　こうしたグローバルな感染症の流行によって，医学が進歩したほかに
19世紀後半になると，防疫体制や公衆衛生に関する実務上の国際協力
が進んでいった。グローバル社会の密接化は国際的な協力や国際機関の
設立を促したのである。1851年，パリで第1回国際衛生会議が開催さ
れた。以後，1938年までに国際衛生会議は合計14回開催されることに
なる。また，国際的機関として1907年に国際公衆衛生事務局が設置され，
第二次世界大戦後の1948年には世界保健機関（WHO）が設立されるに
至った。

第11章　グローバル経済の深化とライフスタイル | 163

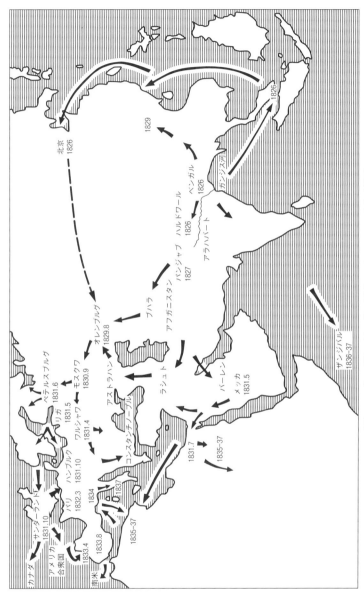

図11−2　第2次パンデミック・コレラ伝播図
出典：見市雅俊（1994）：27.

(2) 高度大衆消費社会と資源・環境問題

アメリカ合衆国の経済学者 W・W・ロストウ（1916－2003 年）は，かつて経済成長の最終段階として高度大衆消費（high mass-consumption）社会の登場をあげた。耐久消費財やサービスを一般大衆が大量に消費する豊かな社会のことである。彼によれば，もっとも最初にこの高度大衆消費社会を実現したのは，第一次世界大戦後のアメリカ合衆国であり，その後，先進各国がこの段階に達した。

そもそも，第一次世界大戦後の 1920 年代にはアメリカ合衆国は，経済的ブームを迎え，イギリスに代わりグローバル・エコノミーのけん引役を果たすようになった。自動車が広く普及するモータリゼーションに代表されるように，高度な耐久消費財を大衆が購入し，広く普及する豊かな社会となったのである。もちろん自動車や冷蔵庫などだけでなく，日々の食事や衣料，それに住宅も豊かになったことは言うまでもない。

とはいえ，このような高度大衆消費社会は一見すると素晴らしいことであるかもしれないが，地球全体でみると，いくつかの深刻な問題を抱えていることに気づくだろう。ひとつは地球上，あらゆる人がすべて，現在に至っても高度大衆消費社会の恩恵にあずかっているわけではないということである。それはグローバル的な富の偏在，ないしは貧富の問題である。たしかに，現在は比較的貧しい国もいずれは高度大衆消費社会を迎えることができるかもしれない。しかし，その時には次なる問題に直面する。

それはグローバルな資源問題であり，環境問題である。人々が多量にモノやサービスを消費するとなると，結局，地球規模的に資源は有限であるから，資源問題にぶつかるであろう。代表的なものとしては石油などのエネルギー問題もあるし，食料の問題もある。また，一人当たりの消費量も増加することになるので，環境問題も解決しなければならない

ようになるだろう。ゴミの問題，地球温暖化の問題など，世界の大衆が豊かになることは，同時に資源・環境問題もグローバルな課題として生じるのである。

参考文献

・ロバート・C・アレン（2012）『なぜ豊かな国と貧しい国が生まれたのか』（グローバル経済史研究会訳）NTT出版
・大久保桂子（1987）「日曜は「読書」の日―都市民衆の活字メディア―」川北稔（編）『「非労働時間」の生活史―英国風ライフ・スタイルの誕生―』リブロポート
・角山栄（1984）『時計の社会史』中公新書
・永田尚見（2010）『流行病の国際的コントロール―国際衛生会議の研究―』国際書院
・見市雅俊（1994）『コレラの世界史』晶文社
・ロバート・ロス（2016）『洋服を着る近代―帝国の思惑と民族の選択―』（平田雅博訳）法政大学出版局
・W・W・ロストウ（1961）『経済成長の諸段階――一つの非共産党宣言―』（木村健康，久保まち子，村上泰亮訳）ダイヤモンド社

12 | エネルギー

島田竜登

《目標＆ポイント》 グローバル社会が利用するエネルギーは時代の変遷とともに変化してきた。化石燃料としては，かつては泥炭，さらには石炭を利用していたが，19世紀後半には石油が登場する。本章では産業革命以後のグローバル経済にとって欠かすことのできない化石燃料やその代替エネルギー開発と利用の移り変わりを概観する。

《キーワード》 産業革命，化石燃料，泥炭，石炭，石油，油田開発，天然ガス，原子力発電

1. 石炭の利用

（1） 産業革命とエネルギー

18世紀にイギリスではじまった産業革命は，19世紀以降，世界各地に拡散していったことはすでに述べてきた。人類史において産業革命を大きく特色づける点は，機械化とともに，その機械を動かすエネルギー源としての化石燃料の利用を挙げることができよう。石炭に始まる化石燃料の利用は，ついで石油や天然ガスの利用へと広がっていった。

産業革命が始まる前の社会では一般に，人間は生産のために自らの肉体的なエネルギーを利用するとともに，牛馬等の動物，あるいは水車を用いる水力を生産に利用してきたにすぎなかった。また，燃料源としては木材が利用されることが多かった。しかし，産業革命以後には，石炭，さらには石油という化石燃料を利用して，人類は強大な生産中心の社会を創造していったのである。その意味において，産業革命は人類史上の

一大転換期といえるであろう。そして，20 世紀後半には，人類は，産業活動や人々の日々の生活に便宜を与えるエネルギー源のひとつとして原子力を手にすることになった。

　産業革命以後の社会で，はじめに利用された化石燃料は石炭である。たしかにそれ以前の社会でも泥炭が燃料として用いられることはあったが，泥炭は産業革命以後のグローバル・エコノミーが利用する化石燃料の量とその社会的重要性とは比べものにはならない。石炭は 18 世紀イギリスの産業革命の開始から，20 世紀前半に石油の利用が大きく広がるまで，最も主要なエネルギー源であったし，たとえ石油が登場しても，石炭の生産は世界的にみると，決して衰退することはなかった。

（2）　エネルギーとしての石炭

　1800 年ごろを境にしてヨーロッパ経済は飛躍的に躍進するが，それを可能にしたのが，化石燃料をエネルギー源として利用することであったと論じるのが，たとえばアメリカ合衆国の経済史家であるケネス・ポメランツの大分岐論（great divergence）の骨子である。彼によれば，18 世紀半ばごろまで，ユーラシア東西の社会の生活水準は同程度，ないしは東アジアの方が高かったが，木材といった森林資源などの生態環境面で，成長への制約に直面していたという。しかしながら，イギリスをはじめとしたヨーロッパが，産業革命を通じて，石炭という化石燃料を利用することで，こうした生態的制約のある発展経路から「逸脱」を遂げ，化石燃料多量利用型の新たな発展経路を生み出すことが可能となったと論じている。

　18 世紀から 19 世紀へと意外にも長期にわたって達成されたイギリス産業革命の世界史的重要性は様々ある。第一の重要性はもちろん機械化である。木綿工業などの生産の場で機械化が成し遂げられた。糸をつむ

ぐ紡績と糸から布を織る織布という2つの重要な工程において多様な機械が導入され，機械の改良とともに安価でかつ多量に生産することが可能となったのである。

　第二の重要性は，石炭をエネルギー源とした蒸気機関の利用である。木綿工業で導入された機械を動かす動力は蒸気機関であり，そのエネルギー源は当然，石炭であった。18世紀にはトーマス・ニューコメン（1664-1729年）やジェームズ・ワット（1736-1819年）らが蒸気機関を開発し，改良を続けていった。蒸気機関の利用はなにも木綿工業だけではない。鉱山の排水にも用いられたし，あるいは蒸気機関車や蒸気船といった交通の発達も蒸気機関なしではありえなかった。また，石炭には蒸気機関を動かす以外にも用途は多様にある。製鉄の工程において石炭を高温で蒸し焼きにし，硫黄などの不純物を取り除いてコークスをつくり，銑鉄を製造することが18世紀初めにイギリスで実用化された。さらに，石炭はガスを製造することにも，発電を行うためにも用いられる。こうしてみると，産業革命の第三の世界史的重要性としては，ケネス・ポメランツの指摘を待つまでもなく，化石燃料の利用の開始ということに思いが至る。

　石油の場合と異なり，石炭は比較的世界各地に存在する。18世紀には産業革命の進展とともに，イギリスで炭鉱の開発が進んだが，19世紀には世界各地で炭鉱の開発が行われた。世界で最初に産業革命を遂げたイギリスではあるが，イギリスなどで鉱業技術を学んだ技術者たちが世界中の炭田開発を行っていった。石炭は世界の海を駆け巡る汽船にはなくてはならないものであり，世界各地の港で石炭を汽船に供給する体制を整えなければ，汽船によるグローバルな貿易ネットワークを構築することは不可能であった。そのため，産業革命をもくろむ国はもちろん，そうではないような地域でも炭田の開発は進んでいった。

特にイギリスは世界的な支配をつづけるために，世界各地にあったイギリス植民地の港に石炭貯蔵地を設け，汽船による流通ネットワークの構築に努めた（第8章参照）。いわゆる大英帝国の隆盛も世界各地の港に良質の石炭を供給できなければ，グローバル的に優越する地位を確保できなかったのである。ともあれ，19世紀末から20世紀にかけての石炭をめぐる国際競争があったともいえるだろう。なかでも，イギリス炭や日本炭は高品質で知られ，世界各地で需要されたのであった。

（3） 石炭の問題点

石炭は，石油と比べてエネルギー効率が悪く，また，燃焼時には二酸化炭素を大量に発生させるし，酸性雨の原因ともなり，大気を汚染させる。また，油田からパイプを使って輸送できる石油と違って，輸送にも不便が多い。しかも，採鉱の際，露天掘りではなく，鉱路を作って石炭を掘り出す場合には，ガス爆発などといった様々な災害の危険性があった。日本では三池炭鉱事故（1963年）などが有名であるが，なにも日本ばかりでなく，19世紀のイギリスから石炭を多用する現在の中国に至るまで，歴史的にみても世界各地で炭鉱での災害は相次いできた。

こうした石炭のもつ各種の問題のため，石油が登場すると，比較的早くそのエネルギー源のトップとしての座は失った。さらに，のちに述べるように，1970年代における石油ショック以前は，相対的に石油価格は低かったため，エネルギー源としての石炭は石油に比較的早く代替化されていった。たとえば日本の場合，高度経済成長期の1962年に石油が石炭を追い抜いている。もっとも，現在の世界でも石炭は生産され続けていることには留意しなければならない。とくに，石油と比べ安価なこと，さらに世界各地に炭田が散在することもあり，その利用価値の見直しがなされているのである。

2. 石油の登場

（1） 油田開発

　19世紀後半にはアメリカ合衆国で油田の開発が進んでいった。石油の開発には高度な技術が必要なほか，比較的長い時間もかかる。また，生産と流通については，かなりの設備投資を要する産業である。結局，石油開発・販売会社は巨大な資本を必要とし，かつ巨大な資本を持てばスケールメリットが働くため，会社は巨大化するようになり，マーケットは寡占化されていった。現に，ジョン・ロックフェラー（1839 – 1937年）が1870年に創設したスタンダード・オイルは，やがて米国石油販売市場でのシェア占有率で8割を超えるようになった。そのため，反トラスト法によって1911年に34社に分割される。だが，この分割されたスタンダード・オイルに起源をもつ諸会社が，エクソン・モービルなどとして，現在でも世界の石油市場で大きなシェアを占めている。

　20世紀になると次第に世界各地の油田の開発も進んだ。東南アジアのスマトラ島（オランダ領）やボルネオ島（イギリス領），それに南米のベネズエラなどである。オランダ領東インドでの石油開発はスタンダード・オイルのほか，ロイヤル・ダッチ石油（1890年設立）があり，ボルネオ島の石油開発を進めたのはイギリス系のシェル石油（1897年設立）である。なお，スタンダード・オイルの分割後の諸会社や他の英米蘭系の石油会社は国際石油資本と呼ばれ，世界の石油市場は現在に至るまで，これらの会社の寡占的な状態にある。さらに，戦後には中東の油田が数多く開発されるようになり，イギリスによる北海油田の開発も進んだ。とはいえ，石炭と比べると，原油の埋蔵されている場所は地域的に限られている。

　石油の利用はとくに20世紀前半に自動車が登場したことで需要が高

まった。さらに飛行機が登場し，航空燃料としても石油が使われたし，もちろん船舶の運航にも石油が利用されたのであった。また，第二次世界大戦後には，化学繊維の生産やプラスティックの生産に石油が原料として用いられるようになり，石油への需要がより一層強まり，第二次世界大戦後のグローバル・エコノミーの成長は石油なくしてはありえないものとなった。

（2）石油ショック

　1970 年代にグローバル・エコノミーは 2 度にわたる石油ショック（オイル・ショック，石油危機とも呼ぶ）に見舞われた。第 1 次石油ショックは 1973 年に発生した。その年の 10 月に第 4 次中東戦争が勃発し，イスラエルとアラブ諸国とが戦闘状態に入った。月内にはイスラエルの軍事的勝利で停戦を迎えたが，アラブ諸国のうち産油国側には経済的勝利ともいえる，次のような結果をもたらした。

　第 4 次中東戦争が始まると，すぐさま石油輸出国機構（OPAC）に加盟するペルシア湾岸 6 か国が原油価格の 70％ の値上げを決めた。石油輸出国機構はすでに 1960 年に設立されており，資源ナショナリズムを標榜していたが，国際石油資本の前には大した力を持たなかった。しかし，この石油ショックを機会にして，発言力を高めることとなったのである。また，アラブ石油輸出国機構（1968 年設立）はイスラエル支持国への禁油を決定した。こうしたことから，世界的な石油不足が発生し，それにともなって産油国側は原油価格の上昇をもくろみ，結果として石油価格の高騰状態が第 4 次中東戦争の終結後にも継続したのである。

　さらに，1979 年にはイランで，ルーホッラー・ホメイニー（1902－1989 年）を宗教的かつ精神的政治指導者とするイスラーム革命が発生し，親米的であったイランのパフラヴィー朝（1925－1979 年）が崩壊

した。この革命により，イランでの石油生産は中断され，原油価格が再度，高騰することになったのであった。

(3) 石油の代替エネルギー

1970年代における2度にわたる石油ショックは，長期的にみると，これを境に原油価格の決定に関して，国際石油資本の独占体制が崩れ，石油輸出国機構を中心とした産油国側も十分な影響力を行使できる立場に立つことになったといえるだろう。そのため，日本のような石油輸入国では，産業の維持と発展に必要な石油の安定的確保は必須の命題となり，石油の備蓄などが国家的課題となった。また，石油ショック以前と

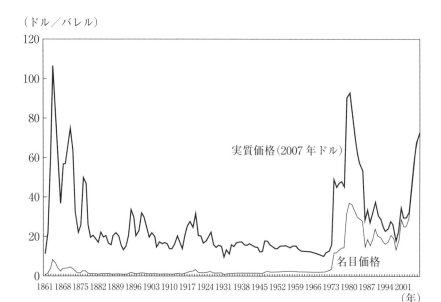

図12-1　原油価格の推移
出典：館山豊（2009）：182.

比べて，原油価格ははるかに上昇することとなり（図12-1参照），石油に代わる代替エネルギー源を模索する動きが活発となった。天然ガスや原子力，さらには風力，太陽光などである。

　天然ガスは，1970年代に液化天然ガス（LNG）の海上輸送が可能となり，世界的に広く利用されるようになった。天然ガスの主たる成分であるメタンは炭素含有量が石炭や石油と比べ少なく，炭酸ガスの排出量も小さい。そのため，比較的クリーンなエネルギー資源とみなされ，現在では世界的に石油や石炭と並ぶ，エネルギー源となっている（図12-2参照）。また，大気汚染や地球温暖化などの環境問題の発生を阻止するという観点から，現在のシェアは小さいものの，風力や太陽光を用いた発電が積極的に進められている。こうした代替エネルギーの開発が進展したほか，同時に省エネルギーも先進諸国の経済社会にとって重要な課題となった。

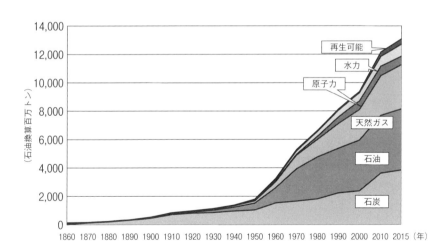

図12-2　世界のエネルギー利用の変遷
出典：日本エネルギー経済研究所（2017）：61.

3. 原子力発電について

（1） 原子力の平和利用

　原子力の平和利用の代表として原子力発電がある。そもそも原子力については第二次世界大戦中の原子爆弾の製造により国際的に研究水準が飛躍的に高まり，1945年に日本の広島と長崎に原子爆弾が投下されて第二次世界大戦が終結したことは周知のとおりである。第二次世界大戦後の冷戦にともなって，原子力を利用した水爆や原子力艦船などの軍事開発がさらに進んだが，一方で原子力の平和利用としてのエネルギー源，とりわけ発電のエネルギー源としても注目されるようになった。

　実際，1950年代にソビエト連邦やイギリス，アメリカ合衆国で原子力発電所が運転を開始している。その後，原子力発電所は各国に建設され，今日では，原子力発電所を所有する国は30数か国に及ぶに至っている。現在のところ，欧米では，発電量の2割から3割を原子力発電が担っているとされる。とくにフランスでは原子力発電への依存が高く，フランス国内の総発電力のうち原子力発電は7割以上のシェアを占めているのである。もっとも，世界全体では原子力の占める割合は小さく，現在に至っても，石炭，石油，天然ガスが重要なエネルギー源であることに注意しなければならない（図12-2参照）。

　日本では，1950年代半ばからの高度経済成長にともなって電力需要が高まり，1960年代初頭には原子力発電所の必要性が議論されるようになった。結局，1966年には茨城県の東海原子力発電所が営業運転を開始し，その後は日本各地に原子力発電所が建設されていった。さらに1970年代における2度の石油ショックにより，国全体として石油依存から原子力依存の方向性が明確に打ち出されたといえよう。2011年に福島第一原子力発電所での事故が発生する以前には，国内の総発電量の

うち，おおよそ3割弱は原子力発電でまかなうほどになっていたのである。

（2）　原発事故

　原子力の平和利用といっても，事故を確実に避けることはできない。歴史的にみると，これまで原子力発電所の大規模な事故が3回発生している。1979年にはアメリカ合衆国のスリーマイル島原子力発電所で，1986年にはソビエト連邦のチェルノブイリ原子力発電所で大規模な事故が発生した。また，2011年には日本の福島第一原子力発電所で，おりからの東北地方太平洋沖地震（東日本大震災）による津波で事故が生じた。いずれも，周辺住民の大規模な避難がなされたし，人々への被曝の影響は現実に計り知れないものとなった。もちろんこの3つの原子力発電所の事故は大規模でかつ有名であるというだけであり，そのほかにも大小さまざまな事故がこれまで生じてきたことはもちろんである。

　原子力を利用した発電事業は，石炭や石油などといった化石燃料を燃やすわけではないので，一見すると環境に配慮したクリーンなエネルギー事業であり，しかも低コストでもあると考えられる向きもあり，原子力発電所がこれまで数多く建設されてきたのである。だが，このような原子力発電所の事故は，原子力発電所に関する楽観的な見方に修正を迫るものであり，人類が完全に原子力を制御しえないことが明白となってきている。

（3）　経済発展とエネルギー問題

　たしかに，われわれの住む現代社会は電力なしでは成り立たない。しかしながら，発電事業とは何らかのリスクとつながっている。火力発電は大気汚染や地球温暖化の問題と直結しており，一方，原子力発電は想

像を絶する事故の発生から完全に逃れることは不可能であろう。だが，世界各地がこれからも経済成長を続けて行き，世界の人々の生活をさらに豊かにさせるには，グローバルな規模で電力を生産し，年々増加する需要に応えざるをえないのである。つまるところ，グローバルなエネルギーの問題と経済発展の問題は相互に矛盾に満ちているといえるだろうが，それにもかかわらず，グローバル社会は，この矛盾した2つの問題の解決の方法を探し求めなければならないことだけは確かである。

　さらに現代社会を考えてみると，なにも電力ばかりでなく，18世紀に始まるイギリス産業革命以来，発達してきた現今の産業社会においては，様々な化石燃料や原子力といったエネルギー源が多量に必要とされることは明らかである。本章でみたように産業革命という人類史における一大転換にともなって生じたエネルギー多量消費型経済が，現代のグローバルな経済社会の特徴なのである。高度大衆消費社会という物質に溢れた豊かな社会を創り出し，それは世界全体に広がりつつあるが，一方で，大気汚染などの環境問題や地球温暖化，さらには原子力発電所の事故など，文明の危機とも隣り合わせとなっているという脆弱さをうちにもつのが現代のグローバル社会であるということを強く認識しなければならないであろう。

参考文献

・資源エネルギー庁『エネルギー白書』各年版
・杉山伸也 (2016)「日本の産業化と動力・エネルギーの転換」『社会経済史学』82‐2
・館山豊 (2009)「石油危機後の国際石油産業の構造変化」馬場宏二，工藤章（編）『現代世界経済の構図』ミネルヴァ書房
・西川潤 (2014)『新・世界経済入門』岩波新書
・日本エネルギー経済研究所計量分析ユニット編 (2017)『図解エネルギー・経済データの読み方入門』改訂4版，省エネルギーセンター
・長谷川貴彦 (2012)『産業革命』山川出版社
・K・ポメランツ (2015)『大分岐—中国，ヨーロッパ，そして近代世界経済の形成—』（川北稔監訳）名古屋大学出版会

13 | 経済発展の多径路性

水島　司

《目標＆ポイント》　欧米の経済成長のテンポが鈍化し，アジア諸地域の経済成長が注目される中で，発展径路の複数性が議論されるようになった。本章では産業革命と勤勉革命，東アジア型とヨーロッパ型と形容されるような経済発展の特徴はどのようなものであり，加えて南アジア型発展はどのように特徴付けられるのかを考える。

《キーワード》　発展の多径路性，東アジア型，ヨーロッパ型，南アジア型

1．経済発展と人口

　第7章『開発と人口』で，耕地開発・農業開発の進行と人口増大がどのようなものであったかを検討した。人口と食料生産との関係については，「マルサスの罠」，「リカードの罠」と呼ばれる古典的な議論がある。「マルサスの罠」とは，人口増と食料生産増の不均衡による人口の動きに関する議論であり，「リカードの罠」とは，土地資源の制約により経済成長は停滞するとの議論である。これらを，今少し詳しく見ておこう。

（1）　マルサスとリカードの学説

　マルサス（1766〜1834年）は，『人口論』（1798）で，次のような論を展開した。人はねずみ算的に子供を産むために，人口は幾何級数的に増加する。しかし，食料生産は土地資源に制約されるので，算術級数的にしか増加しない。そのため，人口増大によって，一人あたりの食料供

給は生存に必要な最低限を割り込む。その結果，飢えや病や戦争が生じて人口は減少し，生存ぎりぎりの生活水準で人口は静止する（＝罠が働く）。マルサスのこの議論は，産業革命を経験していたイギリスで，労働者人口が増加し，食料に対しての「過剰人口」が「貧困と悪徳」をはびこらせている，したがって何らかの人口抑制が必要であるとのマルサスの社会認識を表明したものでもある。後に扱う「積極的制限」「予防的制限」の議論も，そうした社会認識から出ている。

　他方，リカード（1772 ～ 1823）は，『経済学および課税の原理』(1817)において，経済成長停滞の原理を次のように論じた。経済成長の起動力は，近代的産業における資本蓄積にある。資本が増加し，労働者に支払う賃金の基金が増大すれば，労働需要も比例的に増加する。投資が行われ，さらに賃金基金が増えれば，賃金は上昇する。しかし，賃金が生存賃金を上回れば，マルサス的人口法則によって人口が増加し，賃金は生存賃金に押し戻される。その限りで，賃金コストは上昇せず，資本の増加に比例して利潤は増大し，それが再投資され，雇用と生産は拡大し続けるはずである。ところが，生存賃金は食料価格に依存するが，農業は土地に制約されるために，収穫逓減を免れない。より劣等な土地が次々に開拓されてゆくにつれて，食料生産の限界費用は逓増する。より優等な土地では生産費は低く，利益が上がるので，優等地と劣等地での生産費の差を，地主が地代として手に入れる。食料需要が増し，限界地がより劣等な土地に移る過程で地代はさらに増加するため，食料価格が上昇し，労働者の生存に必要な貨幣賃金も上昇する。結局，資本利潤率は低下し，経済成長は停止する（＝罠が働く）ことになる。

　このリカードの議論が，穀物法で権益を守ろうとした地主層を攻撃するものであり，最終的には穀物条例の撤廃と自由貿易への道を拓いたこと，また穀物条例による地主権益の擁護を支持していたマルサスとは対

立していたことなどは，よく知られている。

　両者の議論で示された「罠」は，しかし，いずれも現実の歴史過程が解決した。マルサスの罠に関しては，確かに，産業革命からの100年の間，労働需要は急激に増加し，人口が増加した。しかし，実質賃金率はさほど上昇せず，マルサスの議論通りとなっていた。ところが，その後1870年代から出生率と死亡率が共に低下し，人口成長率は低下したものの，実質賃金率は趨勢的に上昇した。逆に言えば，実質賃金が上がっても人口は増えなかった。19世紀後期からの歴史過程で，マルサス論はあてはまらなくなったのである。他方，土地資源の制約とそれによる食料価格の上昇が，実質賃金の上昇と経済成長の停滞を招くというリカードの議論も，南北アメリカでの農業開発の進展と，そこからの安価な食料の大量流入により，これもなり立たなくなった。

（2）　人口増大と食料危機説

　人口増大が食料危機，ひいては経済危機をもたらすという議論は，その後現在に至るまで，しばしば登場してきている。有名な例が，1970年代に日本を震撼させた，ローマクラブの『成長の限界』（1972）の議論である。そこでは，人口爆発により食料危機，資源の枯渇，環境汚染が深まり，21世紀には破局が訪れると警告された。折しも生じた第4次中東戦争によるオイル・ショックは，この論の説得性を高め，人々を不安と混乱に陥れて，各地でパニックが生じたのである。

　しかしながら，その後油田が続々と発見されたことや，人々が資源の節約を心がけ，環境保護運動も活発になり，さらには緑の革命が本格化して食料生産に余裕が生じたことで，警告された21世紀の破局は，現在まで生じていない。ただし，このことでローマクラブの報告を問題視する必要はない。報告にあった「人口増加や環境汚染などの現在の傾向

が続けば」という但し書きを外し，ジャーナリスティックにとりあげて危機が強調されたことのほうに問題があった。ここで反省すべきは，経済状況に対する人々の合理的な判断や，予測に基づく人口調整や資源管理などの適応力が，議論の中で充分に考慮されなかった点であろう。

（3） 人口動向とヨーロッパのアジア観

　経済発展を考える際に，もう一つの重要な問題は，人口の動きである。第7章では，経済発展のレベルを比較しようとする場合の，GDPと人口規模の問題を考察した。人口動向は，グローバル経済史の重要なテーマであるが，それについて検討する前に，人口増加のあり方が，特定の世界観をもたらしてきたという点について見ておく。

　人口増大の問題は，ヨーロッパのアジア観を形成した中心的な要素の一つである。モンテスキュー『法の精神』（1748）の中で，人口の無制限の増大は貧困の象徴であるという考え方が，アジアを引き合いに出しながら次のように表現されている。

　　「イギリスでは，土壌は土地を耕作する人々と衣服を供給する人々とを養うのに必要とする穀物よりはるかに多い穀物を産出する。…奢侈を恐れる必要はほとんどない。これに反して，中国では婦人が非常に多産で，人間が増加し，土地をいくら耕作しても住民を養うのにやっと足りるというほどになる。それゆえ，ここでは奢侈は有害である…」

　このようなヨーロッパのアジア観に関係するのが，先に採りあげたマルサスに端を発する人口増加を抑制する二つの「制限」，すなわち「積極的制限」と「予防的制限」という概念である。積極的制限とは，増え

すぎた人口を直接減らす動きであり，具体的には飢饉，疫病，戦争など
を指す。他方，予防的制限とは，人口増加率が危険な高さになる前に不
均衡を抑える制限であり，ヨーロッパで実践されてきた結婚の延期（晩
婚）や非婚を指す。マルサス的人口論では，アジアには予防的制限はな
く，高出生力社会のため，積極的制限が必然となり，結果として貧困に
あえぐ社会となっているという解釈がなされてきた。

（4） 合計特殊出生率の低下

　このような人口増問題に基づく世界観は，アジアの中でも強い力で機
能している。実際，断種手術や少子化政策が，つい近年までアジアの国々
で強制的に実行されてきた。このような人口観を大きく転換させる事態
が，しかし，近年着実に進行している。先進国の動きと同様に，アジア
諸国の合計特殊出生率が大きく低下してきたのである。

　合計特殊出生率とは，女性が出産可能な年齢を 15 歳から 49 歳までと
規定し，それぞれの出生率を足し合わせて，一人の女性が一生に産む子
供の数の平均を求めたものである。20 世紀後半からの幾つかの国々で
の合計特殊出生率の動きを見ると，数値が 2 から 4 の間にあった欧米諸
国が，1970 年代から軒並み 2 前後からそれ以下に下がっている。また，
4 を超えていた日本は 70 年代後半に，6 前後まであった韓国も 80 年代
後半にはそれぞれ 2 を切り，21 世紀に入ってからは，欧米諸国よりも
さらに低い数値まで落ちてきている。

　このような急速な合計特殊出生率の低下は，日本や韓国などの東アジ
ア諸国だけの現象ではない。多産多死から多産少死への第一次人口転換
を経て，さらに多産少死から少産少死への第二次人口転換へと多くの
国々が向かっている。

2. 産業革命と勤勉革命

　第7章で学んだ農業開発と人口規模，そしてこれまで見た人口動向の問題は，グローバル経済史を学ぶ際の基幹的な問題である。そこにさらに経済発展のあり方を比較するという視点が入ると，ヨーロッパとアジアの経済発展の先進性・後進性の問題だけではなく，それぞれの性格，特徴をめぐる議論となる。その代表的な議論が，西欧の産業革命（Industrial Revolution）に，日本の勤勉革命（Industrious Revolution）を対置させ，発展の径路の複数性を提示した速水融の問題提起と，それを発展させた議論である。以下に，この議論について見てみる。

（1）東アジア史をめぐる謎：中国と日本

　東アジアの経済発展に関して，中国と日本のいずれにも謎とされる問題がある。中国では，18世紀に，人口が一億数千万から4-5億に3倍増したとされる。その結果，一人あたり耕地面積は0.35ヘクタールから0.2ヘクタールへと減少した。ところが，第2章で紹介したポメランツの『大分岐論』では，18世紀半ばの揚子江下流域の中核地帯の生活水準は，西ヨーロッパでの生活水準と比較して，それほど差がない水準にあったとされる。どのように，この18世紀に，急激な人口増と生活水準の維持を実現することができたのか。この謎の解は，新たな作物（モロコシ，落花生，サツマイモ他）の流入，そしてそれらの新作物を普及させる要因となるより多くの労働力の投下と，それによる土地生産性の向上，すなわち労働集約的発展にあったという点に求められた。

　日本の場合はどうか。日本では，17世紀はじめの1,200万人前後から，1721年までの間に，人口が3,000万人まで増加した。この人口増加によって，一人あたり耕地面積は0.18ヘクタールから0.1ヘクタールに減少

した。しかも，この時点で，新たな土地開拓の余地が消えた。その後は分家が困難となり，間引きや中絶などの人口調整が行われた。そして，それによる出生率の低下により，人口は，1721年から1846年まで3,000万人余のままで停滞した。他方，この同じ期間に一人あたり農業生産が25%増加し，生活水準は，18世紀前半から19世紀前半に至るまで上昇が続いた。なぜ，それが可能となったのか。

この解は，「勤勉革命（Industrious Revolution）」に求められた。「勤勉＝人間労働の強化」によって，生産性を高度に高めたということである。「産業革命（Industrial Revolution）」に対置して造られた語である。

（2）勤勉革命

速水融の唱えた勤勉革命とは，次のようなものであった。江戸時代の日本は，世界で最も高い単位面積あたりの生産力を実現していた。なぜ高い単位収量が実現できたのか。第一の要因は，地力の減退を生じさせ

表13-1　尾張地方の人口・戸数動向と家畜数の変化

	『村々覚書』	『徇行記』	増減率（%）
戸　　数	47,822	79,254	＋65.7
人　　口	265,522	331,678	＋24.9
牛馬数	12,986	4,200	－67.7

出典：速水融（2003）：296.

表13-2　信州の平均世帯規模の変化

年　　代	1671〜1700	1701〜1750	1751〜1800	1801〜1850	1851〜1875
平均世帯規模	7.04	6.34	4.90	4.42	4.25

出典：速水融（2003）：295.

ない形で，裏作によって高い土地利用頻度を実現したことにある。牛馬が引く犁では土地の深耕ができなかっただけではなく，家畜用の飼料栽培地が別に必要であった。それに対して，牛馬の使用をやめ，人間が自ら鍬を使えば，鍬による深耕が可能となる。飼料栽培地が不要となり，そこに金肥を大量に投入すれば，地力も維持し得る。表13−1は，尾張地方の人口・戸数動向と家畜数の変化を示しているが，家畜数の減少が顕著に示されている（但し，牛馬の減少については，必ずしも広く生じたわけではなく，尾張地方においては牛馬耕が行われた形跡がなく，あったとしても肥料源であったとの批判がある（斎藤修　2008：141））。

　第二の要因は，農業経営が全て家族経営に移行したことが，労働時間を長くさせたことである。表13−2は信州の平均世帯規模の変化を示している。初期には6−7人の規模の世帯であった。しかし，18世紀半ばからは，4−5人の夫婦家族経営に移行している。従来の譜代，下人，年季奉公人などを含む経営が，家族単位の経営に，簡単に言えば小農経営に変わったのである。

　では，家族経営になると，なぜ長時間の労働となるのか。この問題は，次のように説明される。中世までの農民は，身分的隷属関係の下で労働に従事していた。それに対し，近世の江戸時代の農民は，中世までの身分的隷属関係から解放され，士農工商の身分の中で上位に位置づけられた。また，農業生産は，個々の農民が自身の判断で行う。つまり自身が責任を負い，その成果も自身が受け取るシステムが形成された。さらに，長時間の激しい労働も，「勤労は美徳，怠惰は悪徳」という倫理観の中で美化された。農書が普及し，生産性の向上のための知恵が広く共有された。そして，何よりも重要であったのは，長時間労働によって，衣食住全ての面で，勤労によって生活が改善されたとの実感を農民達が持ったことであった。まさに，勤勉による経済成長の革命であった。

3. 東アジア型成長と西ヨーロッパ型成長

　東アジアでは，このように，土地や資本の希少性という制約を，土地により多くの労働を投入し，土地生産性を上げていく技術的・制度的工夫によって克服した。すなわち，資本節約的で労働集約的な経済成長であった。では，西ヨーロッパ型の成長の特徴はどのようなものであったのか。

　西ヨーロッパの農業では，1930年頃の数値で，牧草地の割合がイギリスで57%，ドイツで17%，イタリアで20%を占める。日本は0%，中国は5%に過ぎない。この西ヨーロッパでの高い牧草地割合は，牧草地の飼料により，家畜を飼育するためであり，それが輪作農法の理由であった。そして，この牧草地の必要性から，典型的な農場規模は30haと，東アジアと比較し，はるかに大きくなければならない。そうした規模にならない場合，農民は小屋住農か農業労働者になった。こうした要因から，農業発展の方向は，土地生産性よりは労働生産性の向上へと向かう。家畜・大型機械への投資，つまり資本が重要となり，資本集約的・労働節約的発展を遂げたのである。

　東アジアと西ヨーロッパとの経済発展のあり方を比較した場合，いずれの発展径路が優れていたのか，いずれが先進的であったのかという問いが浮かぶ。それに対して，速水融は，産業革命以前の16-18世紀の東アジアと西ヨーロッパは，いずれも大きな生産力の拡大に成功した，その場合，土地生産性においては東アジアが勝ったが，労働生産性においては西ヨーロッパが勝った，つまり，18世紀末の段階で，どちらが優れていたとは言えず，別の径路を辿りながら，いずれも経済発展を遂げた，と論ずる。

　従来，勤勉革命は産業革命の前段階であるとされてきた。両者の労働

生産性には，格段の差が存在したからである。これに対し，勤勉革命論は，勤勉革命と産業革命は，別の発展径路であり，世界史発展には複数の径路があることを主張するものであった。

この勤勉革命の論議は，単に近世までの経済成長のあり方に関する議論にとどまらず，第1章で見た20世紀半ばからの「東アジアの奇跡」の要因に関連する議論ともなり，現在まで継続している。

4. 南アジア型発展径路

東アジアと西ヨーロッパの発展のあり方については，以上のような議論が展開されてきた。では，それ以外のアジア地域の発展のあり方は，どのように特徴付けることができるのだろうか。たとえば，砂漠の比率が圧倒的に多い西アジアは，どのような発展の径路と特徴を有してきたのだろうか。希薄な人口，オアシスと河川沿いに限定される農業生産，商業と牧畜の比重の高さ，都市的な要素の強さなどが直ぐに思いつく。その発展径路を明らかにすることは，グローバル経済史の一つの課題であろう。

（1）インドの過酷な自然環境

同様な課題は，インドを中心とした南アジアについても当てはまる。以下に，南アジア（インド）の発展の特徴を考えてみたい。

南アジアでは，北のガンジス河や南のカーヴェリ河など，大河川の流域で，古代から農業開発が進められ，豊かな文明が築かれてきた。しかし，環境の一般的特徴としては，暑熱と酷寒，集中豪雨や洪水と長期の旱魃というような，過少と過多のパルス的，つまり，中間が欠落しているサイクルが繰り返される過酷なものである。しかも，全体としては水は絶対的な不足状況にある。例えば，降水量について南インドのある地

域を見ると，年間200ミリから1,000ミリの間であり，平均でも400ミリ前後しかない。しかも，極めて雨量が少ないだけでなく，年別変動が極めて大きい。単に年ごとの変動が大きいだけではなく，月ごとの変動も大きい。10月から12月にかけてのモンスーン時に一気に降るのであるが，その場合は今度は洪水となってしまう。まさに過少と過多の二つしかないと形容できる気候状況である。

（2） 独自の生産システムの形成

　極めて興味深いのは，このように変動幅が大きく，量的には過少な雨量にもかかわらず，インドは全体として，有史以来，世界人口の20%前後の人口を維持してきたという点である（現在は17%）。それが可能であったのは，生産と分配の両面で，さまざまな技術的，制度的な工夫がなされてきたからである。生産からみておくと，第一に，短期間しか降らない雨を，河川，貯水池，井戸などに蓄えて灌漑に利用することによって，高い収量が見込める農業を拡大してきた。第二に，植え付け時期，生育期間の異なる複数の作物を土に栄養を与える豆類などと混ぜて一緒に植え，多作化を図ってきた。第三に，農業と家畜を組み合わせ，家畜の糞や緑肥を利用して地力の維持を図った。全体として，高度に多角化された高い生産力を誇る生産システムを形成してきたのである。

（3） 分配システムの特徴

　注目されるのは，分配においても極めて特徴あるシステムを形成してきた点である。ごく簡単に言うならば，絶対量ではなく分配率が意味をもつシステムであった。すなわち，広域の再生産空間（これを在地社会と呼ぶ）での生産物全体を1とし，そこから，在地社会の構成員が，その果たすべき役割（職分）に応じて，特定の比率の取分の分配を受ける

システムであった。地域毎にこの取分の呼び方は異なるが、近世から植民地支配初期にかけて、ペルシア語で相続・財産などの意味のあるミーラースと言う用語が使われていた。

このミーラース制の下で、どのように生産物が分配されていたかについては、18世紀末に多くの村落記録がある。手当には、脱穀前に支払うものにはじまり、計量前に支払うもの、計量後に国家と耕作者が半分ずつ支払うもの、同じく計量後に国家のみが支払うものという区別がある。そして、それぞれの一定割合を、さまざまな職分を持つ者が受け取る。そして、それらの残りは、耕作者と国家（免税地の場合は免税地享受者）の間で、灌漑条件や耕作者の身分などに応じて異なる比率で分配された。

ミーラース制では、職分と権益（手当）が結びついていた。そして、職分との結びつきを、生まれ・内婚制・生活規制・宗派その他によって排他的に保持する集団が、カーストとしてこのミーラース制と結合していた。いわゆるインド特有と言われるカースト制とは、近世まで、このようなミーラース制と表裏の関係にあった体制であり、両者とも体制と呼ぶべきものである。

このような体制の下での経済発展や社会関係の変動は、再生産に果たす役割や、それに付随する権益（取分率）の、新たな設定や変更で表現された。「中間」が欠如した過大と過小さのみが繰り返されるパルス的な生産環境の中で、在地社会の再生産とその再生産に携わる人々自体の再生産を維持するために生み出され、育まれてきた体制であった。

（4） 高度な分業システム

留意しておくべきは、インドが、さまざまな工夫によって高い生産性を確保し、また激しい生産環境の変化に対応した分配システムを有して

いただけではなく，高度な分業システムにより，綿布という世界商品を生む多くの綿業関係者を支える力をもっていたという点である。

18世紀後期の段階で，どのように職業分化し，どれほどの非農業従事者がいたかについては，1770年代のマドラス周縁の地域にあった2,200前後の村々に住んでいた全62,529世帯の職業構成の分析から知ることができる。図13-1は，それを示したものであるが，全世帯の40%が非農業部門に従事しており，極めて高い非農業従事者比率であったことが注目される。たとえば，8,234世帯（13.2%）が手工業部門におり，内4,011世帯（全世帯の6.4%）は手織工であった。他に，商人も7%を占めている。第5章で見た17-18世紀に世界市場を席巻したインドの綿製品は，これらの綿業従事者が生み出したものであった。

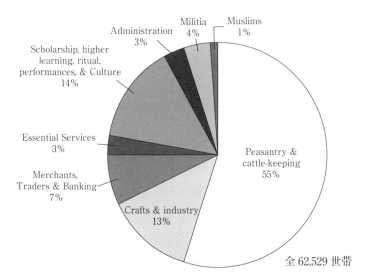

図13-1　ジャーギール地域における1770年代の職業構成
　　　出典：Bajaj and Srinivas（1995）：72-73より作成。

以上のような特徴をもつ南アジアの経済発展は，どのように形容することができるのだろうか。仮に，過少資源対応型発展径路としておく。今後の研究の進展が期待される。

まとめ

近世までの世界は，地域毎に多様な経済発展の道を辿ってきた。西ヨーロッパ，東アジア，南アジアで，それぞれ独自の経済発展の径路があり，西ヨーロッパは資本集約型発展，東アジアは労働集約型発展，南アジアは過少資源対応型発展と特徴付けられる。グローバルな視点で見れば，他の地域においても，それぞれ独自の経済発展の径路があったであろう。独自の経済発展の径路を見出すことで，従来のヨーロッパ中心的なグローバル経済史の理解から脱皮した，21世紀にふさわしいグローバル経済史を構成していくことができよう。

参考文献

・速水佑次郎（1995）『開発経済学：諸国民の貧困と富』創文社
・水島司（1994）「地域社会の統合原理―ミーラース体制」『インド入門 II ドラヴィダの世界』辛島昇（編）東京大学出版会
・小谷汪之・水島司・三田昌彦（2007）「中世的世界から近世・近代へ」『南アジア史 2 中世・近世』小谷汪之（編）山川出版社
・斎藤修（2008）『比較経済発展論―歴史的アプローチ』岩波書店
・杉原薫（2004）「東アジアにおける勤勉革命径路の成立」『大阪大学経済学』54-3
・杉原薫・脇村孝平・藤田幸一・田辺明生（編）（2012）『歴史のなかの熱帯生存圏―温帯パラダイムを超えて―』京都大学学術出版会
・速水融（2003）『近世日本の経済社会』麗澤大学出版会
・Bajaj, J.K. and Srinivas, M.D.（1995）"Indian Economy and Polity in the

Eighteenth Century: The Chengalpattu Survey: 1767 - 74", *Indian Economy and Polity*, Centre for Policy Studies, Madras.

· India Meteorological Department (1971), *Monthly and Annual Rainfall and Number of Rainy Days, Period 1901 - 1950.*

14 | 20 世紀後半の展開

水島　司

《目標＆ポイント》　20 世紀半ばから，世界の経済構造は方向転換し始めるが，その契機となったのは，アジア・アフリカ諸国の独立である。冷戦体制下で，それぞれ国民経済の建設が図られたが，そこでは，米ソ対立の影響下で開発が目指されることになった。開発に際しては，社会主義的な計画経済と資本主義的な市場経済の間で激しい路線対立が見られた。また，東アジアの奇跡とよばれる日本をはじめとする東アジア地域の経済的台頭は，世界の構造変動を引き起こし，米ソ二極体制を揺るがした。ソ連邦の崩壊，中国やインドの開放経済への移行，EU の結成を経て，アフリカの疲弊，宗教対立の激化，大量の難民の発生など，大戦とはならないまでも，世界各地が激動の時代を迎えることになった。本章では，独立以降のインドを主な例にして，この激動の時期において，国民経済の建設と開発政策の間で揺れ動きながら経済発展を模索したアジアの国々の経験と，グローバル経済の動きを学ぶ。

《キーワード》　アジア・アフリカ地域の独立，冷戦体制，国民経済建設，米ソ二極体制，計画経済と市場経済，アメリカのドミナンス，独立後インド経済

1．20 世紀後半の主な動き

　第二次大戦の終結を経て，世界は米ソ二極構造へと移行し，冷戦構造が成立した。その中で，多くのアジア・アフリカ諸国が独立を遂げ，国民経済の建設に邁進した。しかし，植民地支配の深刻な傷跡を体に残したまま，脆弱な経済基盤から立ち上がろうとしたそれらの新興国家は，冷戦体制に揺り動かされた。

他方，日本を代表とする東アジア諸国は，場合によっては冷戦の中で生じた戦争経済を巧みに利用し，高度経済成長を遂げた。長く経済的な鎖国状況に自らを置き，大躍進政策の失敗と文化大革命による経済的疲弊に苦しんでいた中国は，70年代の終わりから改革開放政策へと移行し，長く保護主義的な政策を採って自国産業の育成に邁進してきたインドも，90年代初頭には開放経済へと移行した。

一方，二極構造の雄であったソ連は，80年代半ばからのペレストロイカの試みと80年代末のベルリンの壁の崩壊を経て，90年代初頭には崩壊し，ソ連邦は解体して社会主義陣営はその地位を失った。ヨーロッパではEUが結成され，国民国家システムからの新たな出発が試みられ，他方，中国，さらにはインドが高度経済成長の道を歩み始めた。それに対して，日本経済は大きく減速し，その立て直しが急務となっている。

20世紀半ばからのこれらの動きは，これまでの章でしばしば言及してきた世界の構造変化を背景にしているものである。そうした大きな変化の中で，アジアの新興国家がどのような経験をしてきたのかについて，独立後のインドを事例にして見ていく。

2. 新興国としてのインド

（1）植民地期のインド

インドは，18世紀半ばから20世紀半ばまで，200年前後に渡ってイギリスの植民地支配下にあった。その間，19世紀を通じて，イギリスへ一次産品を提供し，イギリス製品を購入する地位に落ちていった。

インドはしかし，第一次大戦期に転換期を迎える。大戦によるイギリス自身の戦禍により，植民地政府が，製造業を部分的にインドで育成する方向へ転換したからである。このような植民地政府の政策転換の前から，インドのいわゆる民族資本も，力強く成長しはじめていた。工場制

綿糸・綿布生産はもちろん，重工業部門においても，製鉄所の建設がは
じめられ，また金融業や，オピアム，綿花などの取引で巨富を得たイン
ド人資本家も，イギリス人資本家の牙城であったジュート産業に進出し
て工場をカルカッタに設立していた。インド人の民族資本家達は，大戦
後の1926年にカルカッタでインド人商工会議所を設立し，その中の一
人G.D.ビルラは，ロンドン・ジュート協会の最初のインド人メンバー
となり，1920年代に七つ以上の工場を設立した。また，1927年に設立
されたインド人商工会議連盟も，1928年にロンドン取引でのインド人
に対する排除を廃止させることに成功した。

　1930年前後に発生した大恐慌は，インドにも大きな困難を課した。
その中で，インドでの権益を守ろうとするイギリス資本と，それに対抗
して台頭してくるインド民族資本との間の関係は，民族運動の高まりも
あり，次第に後者が有力となる形で推移した。タタやビルラなど，現在
のインドの大財閥となっている民族資本家が製造業に本格的に乗り出
し，民族資本としての実力を蓄えた。タタが創業した鉄鋼会社は，1939
年には大英帝国の中で最大の規模を誇るようになっていた。

（2）　独立後の時期区分と経済政策
　ガンディーやネルーなどの指導による厳しい独立運動を経て，インド
は1947年8月に独立を果たした。そして，直ちに国民経済の建設に取
り組んだ。その後の経済政策は，大きく，次の四つの時期に区分できる。
1期．輸入代替工業化（1947年〜73年）
2期．外国投資に対する規制強化（1973年〜81年）
3期．輸入規制緩和（1981年〜91年）
4期．経済開放政策への転換（1991年以降）
これらの経済政策の変化は，いずれも，開発経済論の影響を強く受けた

ものであった。

　開発論の大きな流れは，構造主義に始まり，構造主義批判，新古典派の台頭と新古典派アプローチ下での構造調整の進行，そして新古典派批判となる。こうしたインドでの開発論と援助，そして経済政策の変遷に関しては，絵所秀紀（1994）が詳しい。以下，氏の研究をもとに，その経過について見ていく。

　構造主義アプローチの出発点は，先進国の経済構造と途上国の経済構造は異質であるという二分法にあった。市場メカニズムの確立した先進諸国の成長は継続的であるが，市場メカニズムが機能しない途上国での成長は断続的でしかない。開発は工業がもたらすものであるが，そのための最も重要な基礎条件は貯蓄・投資の増大，すなわち資本蓄積にある。しかし，途上国では資本不足，外貨不足という供給の制約があり，こうした基礎条件が欠けている。こうした供給の制約を解くのは援助であり，援助により経済成長を飛躍させることができる。飛躍のためには，インフラ部門への大規模投資が必要であるが，それを進めるためには政府の役割が重要である。構造主義アプローチは，以上のような発想に基づき開発政策を進めようとした。実際，第二次大戦直後の 1946 年から 1961 年にかけて，世銀借款の 75% は，運輸と発電部門というインフラ部門の整備にあてられた。

　構造主義アプローチでは，以上のように，途上国が先進国化するには飛躍の一時期が必要であり，飛躍のためには国家が役割を果たさないといけない，つまりプランニング（計画経済）が不可欠であると考えられた。そのため，政府が積極的に市場に介入し，公企業が開発の中心に置かれることになる。その場合，国家と民族資本家との政治的な結びつきによって，国内市場が優先され，海外市場に依存しない内向きの工業化が進むことになる。インドで実践された開発政策は，まさにそのような

ものとなった。

(3) 第 1 期 (1947 年〜 1973 年)

　第 1 期は，計画経済と輸入代替工業化政策の実施期であった。国家の介入が決定的に重要であるとして，1951 年制定の産業（開発・規制）法により，新工場の設立，既存工場での生産能力の大幅拡張，既存工場での新製品の製造，立地の変更の 4 領域でライセンス取得を義務づけた。

　この時期の開発モデルとなったのは，マハラノビス成長モデルと呼ばれるものであった。国際的に活躍していた開発経済学者マハラノビスが理論的モデルを提供したこのモデルは，工業部門を生産財部門と消費財部門に分割し，生産財部門への投資配分を大きくするほど長期的には経済成長率が高まるとするものであった。このモデルの下で，ネルー首相の主導によって，50 年代半ばから二つの 5 カ年計画が実施され，計画経済の黄金期を実現した。第 2 次 5 カ年計画（1956/57 〜 1960/61）からは，重工業化優先の輸入代替工業化を開始した。主要輸出品であるジュート製品，茶，綿製品は海外での激しい競争に直面する，したがって，短期的には輸出が急増する余地は小さい，と想定し，輸出を軽視した。そして，輸入代替を促進するため，輸入を厳しく制限した。国際競争力の向上よりも，輸入代替を優先する，国内市場指向の発展戦略であった。

　1956 年の産業政策決議では，公企業と民間企業との産業分野を設定し，基幹産業は全て国家部門（公企業）が担い，消費財産業とサーヴィス産業は民間企業にゆだねる混合経済体制が目指された。具体的には，全産業を，企業の新設に国家がもっぱら責任を負う分野（兵器，原子力，鉄道運輸業は国家が独占する。他に石炭・鉱物油・鉄鉱石などの鉱業，鉄鋼，重鋳造業，重機械，重電機，航空機，造船，電話・電信器，航空運輸，発電，配電業），国家が次第に参加していくが民間企業も活動し

うる分野（アルミニウム，工作機械，特殊鋼，化学工業，鉱物，道路・海上運送業），および民間の主導により開発する分野（その他全ての産業）という三つのカテゴリーに分類するものであった。

●経済停滞とその原因

このような体制による経済運営は，しかし1960年代半ばに頓挫する。65年に印パ紛争が勃発し，また，大干魃で農業生産が大きく落ち込んで経済成長の足を大きく引っ張ったことが要因である。立て直しを図って，1969年から73年にかけて，ライセンス制度，貿易統制，価格統制，金融統制，流通統制など，政治的統制が強化された。その結果，公企業が消費財生産部門やサーヴィス部門にまで進出し，ライセンス制度がはびこり，インドは，ほぼ10年間にわたり経済停滞を経験した。

インドがなぜ経済運営に失敗したのかという点について，絵所は，それが輸入代替政策の失敗であるとする。高保護障壁下での輸入代替開発戦略は，ある程度の成長を達成しうる（＝第1次輸入代替）。しかし，代替された財は，小規模生産が可能で高度な技術を必要としないため，いったん代替されると国内での需要分を超えて拡大できない。そのため新たな成長の源泉が必要になるが，その場合，二つの選択肢がある。第一は輸出志向に切り替えることである。東アジアの台湾や韓国などは，第一次輸入代替の後，労働集約的工業製品の輸出を促進する輸出志向戦略を選択し，高成長を遂げることに成功した。第二は，輸入代替戦略をさらに進め，中間財，資本財，耐久消費財に拡げていくことである（＝第2次輸入代替）。インドは，この第二の選択を行い，結果として経済成長が減速した。

インドでは，国内市場の保護を強く意識したことから，非効率的な企業が存続した。また，過度に資本集約的で労働吸収力の小さい技術を採

用したため，失業問題も解消されなかった。国内市場が狭いために規模の経済は働かず，企業間の競争が欠如したことから低品質商品が氾濫した。

●社会主義路線への転換

このような経済危機を，インドは世界銀行からの借款で乗り切ろうとした。世界銀行は，借款の条件として，通貨の大幅な切り下げや，製造ライセンス品目の規制緩和，輸出補助金の削減と輸入関税の引き下げなどの経済自由化を要求し，年間 15 億ドルの援助供与を約束した。ところが，インドとパキスタンとの関係悪化を理由に，アメリカがインドへの援助を打ち切ったことから，インドは経済自由化による成果をあげることができず，再建策は挫折した。こうした事態の打開を図ろうと，インディラ政権はソ連に接近し，社会主義路線の強化へと戦略を転換した。上述の 1969 年から 73 年にかけての各種経済活動への政治統制の強化は，こうした背景から出てきたものであった。

（4） 第 2 期 （1973 年〜 1981 年）

第 2 期は，外国投資に対する規制が強化された期間である。1969 年に開始したインドの第 4 次 5 カ年計画は，社会主義路線のものであり，統制主義的な性格の強いものであった。主要商業銀行 14 行が 69 年に国有化され，同じく独占・制限的取引慣行法が制定されて財閥規制の強化が図られた。73 年には外国為替規制法が改正され，外国人は 40% までしかインド企業の株式を所有できないこととなった。民間企業と政府企業とが出資し，合弁ベースで企業を設立するジョイント＝セクターが導入され，公共部門の金融機関が民間企業に融資した際に，数年後に貸付金を株式に転換できるという条件を付す転換条項を盛り込んだ産業政策

も公布された。他方，インド経済の足をたびたび引っ張ってきた農業問題については，食料自給を目指した緑の革命が推進され，「ガリビ・ハタオ」のスローガンの下，貧乏追放が叫ばれた。

インドは，しかしながら，1970年代に入っても停滞から抜け出せなかった。モンスーンが期待外れに終わり，1973年10月には第4次中東戦争が勃発し，第一次石油危機が生じた。国内は20%を超えるインフレとなり，反政府大衆運動も活発となって，ついに1975年には非常事態宣言が発令された。強権的な政治支配への反感のなかで，1977年には政権が交代することとなった。

インドとは対照的に，日本や東アジア，東南アジアは，高度成長を遂げていた。市場自由化と労働集約的工業製品の輸出志向工業化を目指す東アジアNIESモデルと呼ばれる開発戦略が功を奏していたからである。

混迷するインド経済には，しかし神風が吹くようになっていた。オイル・ブームでインドから中東諸国への出稼ぎが急増し，移民からの送金によって外貨準備が1974年の61億ルピーから78年の522億ルピーへと増加した。国内の貯蓄率も投資率を上回るようになった。また，70年代後半からは，緑の革命の成果が少しずつ現れ始め，食料自給への目処も立ちつつあった。

(5)　第3期（1981年〜1991年）

こうした状況の中で，輸入規制の緩和と経済自由化への動きを特徴とする第3期が始まる。70年代後半からの経済回復で，貯蓄不足，外貨不足，食料不足というインド経済の停滞原因が変化し始め，従来の経済政策への疑問，すなわち，停滞の最大の原因はむしろ統制にあるのでは，という疑問が高まった。

この時期はまた，開発論の中で，新古典派アプローチが主流化した時

期でもあった。経済開発のためには，市場の自由化が不可欠である。構造主義が主張するような途上国と先進国の間の質的な相違はなく，したがって同一の経済学の原理が妥当する，というのがその主張であった。この新古典派アプローチは70年代に主流化し，80年代に全盛となった。

　インドでは，1979年に石油危機，干魃，国際収支の悪化，インフレの悪化により，再び経済危機がおとずれていた。翌年の総選挙で復権したインディラは，IMFの拡大信用供与措置からの50億SDR借款で，この経済危機を乗り切ろうとした。財閥への規制緩和など，IMFのコンディショナリティを満たすために，規制緩和措置もとった。しかし，国内の分離独立運動との関連で，1984年に暗殺されてしまった。後を継いだ息子のラジーブは，民生用電子産業における近代化の推進，外資導入の許可，電子製品を中心とする輸入製品の大幅な自由化など，様々な規制緩和措置を実施した。しかし，それらは根本的な改正ではなく，従来の規制の枠組みは継続したままであった。

●外貨危機

　独立以来のこのようなインド経済の運営に，激震が走る。1990年に湾岸戦争が勃発したのである。その結果，石油価格が急騰して輸入額が急増した。それだけではなく，インド経済への輸血の役割を果たしていた中東にいるインド系移民からの送金が激減した。膨大な対外債務が累積し，その利子支払いは，インド財政に大きな負担を強いた。また，破産に瀕したインドから，NRI（Non-Resident Indians 海外居住インド人）が預金を引き上げはじめた。その結果，外貨準備は91年1月に7億ドルに激減し，対外債務残高は同年3月には700億ドルへと膨らんだ。7億ドルという外貨準備は，わずか2週間分の輸入額に過ぎない。インドは逃げようのない外貨危機に直面したのである。

危機に瀕したインドは，91年1月にIMFから333億ルピーの借款を導入し，危機を凌ごうとした。ところが，同年5月に，隣国スリランカでの分離独立運動との関連で，今度はラジーブ首相が暗殺されてしまった。IMFからの追加融資は困難となり，毎年開催されていた対印援助国会議も延期となった。

（6） 第4期（1991年〜）

91年の総選挙で政権に就いたナラシマ＝ラオ政権は，経済再建を最大の課題とし，IMFからの借款を確保し，構造調整プログラムを実施した。通貨の切り下げ，輸入補給ライセンス制度の廃止，輸出補助金の廃止等々の貿易自由化措置がそれらに含まれる。同年7月には産業政策声明が出され，34の優先産業において外資出資比率を51％まで自動承認することや，段階的国産化プログラムの廃止，国家の安全保障に関わる産業18業種を除く産業ライセンス制・登録制の廃止，国家が責任を負う計画産業の縮小が示され，その後も外貨取引の完全自由化，銀行に関する各種規制の廃止など，続々と追加緩和措置が出された。インドは，こうした経験を経て，2000年からは，ついに高度成長へと移行したのである。

3. インド経済の20世紀の動き

これまで見てきたような20世紀後半の経験を経て，インドの経済構造は大きく変化した。この変化を，植民地時代を含め，20世紀全体の長期的な動きの中で見ておこう。

GDPの成長率に関し，全体の趨勢を図14-1に示す。植民地支配下にあった世紀前半には，マイナスも含め激しい上下動を示していたが，独立後は一部の年を除き，プラス成長となっている。

次に，GDPの産業部門別構成比を見てみると，図14-2に示すように，20世紀初頭には65%と圧倒的なシェアを占めていた一次部門が20%程度まで激減し，二次部門は10%程度から30%程度まで増加し，他方，25%前後であった三次部門は，80年代に第一次部門を追い越し，世紀

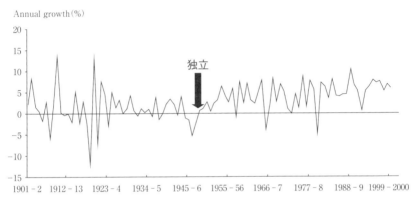

図14-1　GDP全体の成長率の長期変動　1901/02～1999/2000
出典：Sivasubramonian, S.（2000）：570．

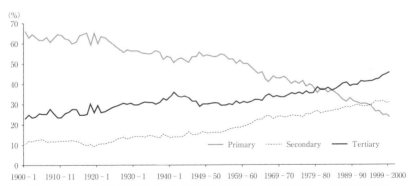

図14-2　産業部門別GDP構成比の変化　1900/01～1999/2000
出典：Sivasubramonian, S.（2000）：572．

末には全体の5割にまで増加し，最大の割合を占めるようになっている。

　独立後に限った産業部門別の成長指標を見てみると，一次部門の伸びの低さが目立つ。簡単に言えば，一次部門が他の部門の足を引っ張ってきたのである。そして，この一次部門に，インドの多くの人々が従事していた。

　このような一次部門の状況は，緑の革命により変化した。一次部門のGDPの年変動は図14-3のようになるが，20世紀前半の大きな上下動を経て，世紀後半にはマイナスへのブレが小さくなり，1980年代以降は年成長率がほとんどプラスの領域で動くようになってきている。長くインド経済の足を引っ張ってきた農業が，ようやく安定してきたと言える。

　インド農業は，安定してきただけではなく，生産の増大が着実に進み，20世紀末からは穀物の純輸出国にまで変身した。70年代までしばしば大量の穀物輸入をしなければならなかったのとは対照的に，90年代以降は純輸出に転じ，近年は世界で有数の穀物輸出国の地位に就いている。

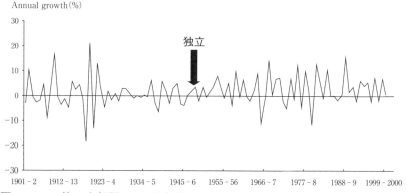

図14-3　第一次部門のGDP年成長率の長期変動　1901/02～1999/2000
出典：Sivasubramonian, S.（2000）：567.

4. 世界の経済構造の変化

　インドの事例は、長い植民地支配から脱して独立を遂げたアジアの一国が、国民経済の自立と経済成長を図るために、冷戦構造や開発論、国際政治や紛争などに影響を受けながら政策を進め、多くの苦しい経験を経て高度経済成長へ向かっていった事例である。

　では、こうした動きを世界全体の動きの中に位置づけると、どのような構造変化を見出すことができるのだろうか。図14-4は、1951年、1981年、2008年の3時点における主な地域や国の、世界全体のGDPに占める比率の変化を示している。事例で扱ったインドの伸びと、1981年から激増している中国が目立つ。他方、西ヨーロッパ、アメリカ、旧ソ連が軒並みシェアを落とし、日本は1981年までは増加したが、その後は激減している。

　世界の経済構造の変化は、GDPだけではなく、貿易構造の変化にも明確に示される。19世紀後半からのアジアやアフリカ諸国の輸出入相

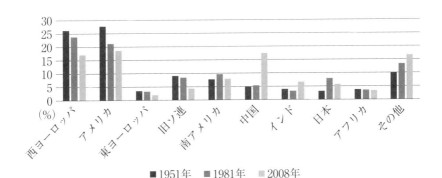

図14-4　主な地域・国の世界のGDPに占める比率変化　1951-1981-2008
　　　　出典：Maddisonより作成。

手国の構成の動きは，アメリカが圧倒的であった時代が終わり，日本の
プレゼンスも大きく低下し，それらに代わって中国が台頭してきている
状況を明確に示している。

　貿易相手国の構成の変化は，世界の経済バランスの変化を如実に示す
ものである。では，それぞれの国内での産業構造がどのように変化して
きたのかを見ると，アジア諸国では，程度の差はあるが第一次産業の比
率がいずれも大きく低下している。それに対し，アフリカでは，第一次
産業の比率はほとんど変化していない。第二次産業については，日本の
低下が顕著だが，他の国々はほぼ横ばいである。第三次産業は，全ての
国で最大の比率を占めるようになっている。第一次産業が大きな割合を
占めていた 20 世紀前半の経済構造とは，大きく異なる状況が出現して
いるのである。

まとめ

　20 世紀半ばの第二次大戦終了後，アジア・アフリカの多くの国々が
植民地支配からの独立を遂げた。それらの国々は，国民経済の確立に向
け努力したが，その過程で冷戦構造や開発論の影響を大きく受けた。そ
のような 20 世紀後半の経験を経て，世界の構造は大きく変化してきた。
そのことは，貿易構造，産業部門構成の変化からも明確にみてとれる。
欧米諸国や日本のシェアの低下，それに代わって台頭してきている中国
とインドという動きが，これからの世界の経済構造をどのように創り上
げていくのか，人口，資源などの動きと合わせて検証していかなければ
ならない。

参考文献

- 絵所秀紀（1994）『開発と援助：南アジア・構造調整・貧困』同文館
- 藤田幸一（2006）「インドの農村変容とその国民経済的インプリケーション」第19回日本南アジア学会
- 日本国総務省総務局（http://www.stat.go.jp/data/chouki/03.htm）（2017 年 2 月22 日にアクセス）.
- Maddison, Angus（http://www.ggdc.net/MADDISON/oriindex.htm）（2011 年 6月 25 日にアクセス）.
- National Account Main Aggregates Database, "Percentage Distribution（Shares）of GDP",（https://unstats.un.org/unsd/snaama/dnlList.asp）（2017 年 2 月 21 日にアクセス）.
- UN Comtrade（https://comtrade.un.org/）（2017 年 2 月 21 日にアクセス）.
- Sivasubramonian, S.（2000）*The National Income of India in the Twentieth Century*, Oxford University Press.
- Statistics Times, Sector-wise Contribution of GDP of India（http://statisticstimes.com/economy/sectorwise-gdp-contribution-of-india.php）（2017 年 2 月 22 日にアクセス）.

15 | リオリエントへの展望

島田竜登

《目標＆ポイント》 最終章では1970年代以後の世界経済の流れを概観する。石油ショック後，現在に至るグローバル経済は，社会主義経済体制が崩壊ないしは変容するとともに，アジアが台頭した。グローバル経済は市場経済メカニズムをベースに成長を遂げつつあるが，一方で，地域主義の台頭がみられる。今後は，資源や環境がグローバル経済にとっての重要な焦点となると予想されるが，長期的視点から現代経済を検討する経済史学が将来について，どのような見通しを持つことができるのかを考える。

《キーワード》 東アジアの奇跡，開発独裁，社会主義の崩壊，改革開放，ドイモイ政策，アジア通貨危機，アジアの台頭とグローバル経済の今後

1. 経済新興国の台頭

第12章で述べたように，1970年代には2度の石油ショックが発生し，グローバル・エコノミーには変化が生じるようになった。アメリカ合衆国や西ドイツを中心とした西ヨーロッパ諸国，さらには高度経済成長を享受した日本などの経済成長の伸びは鈍化する一方，新たに経済成長を成し遂げる国が現れたのである。

（1） 東アジアの奇跡

世界銀行は1993年に『東アジアの奇跡―経済成長と政府の役割―（East Asia Miracle: Economic Growth and Public Policy）』と題するレポートを発表した。このレポートは東アジアを表題に掲げるが，現実に

は日本，韓国，台湾，香港のほか，シンガポールやマレーシア，タイ，インドネシアといった東南アジア諸国も考察の対象に含める。そして，これらの国や地域を「高度な実績をあげるアジア経済地域（high-performing Asian economies）」であるとした。急速な経済成長を成し遂げるとともに，分配の公平をも実現させ，不平等（inequality）を減少させていると指摘したのである。本章では，まず，1990 年代前半にもてはやされた「東アジアの奇跡」とその後のアジア経済について簡単に概観し，社会主義経済の崩壊の問題に触れたのち，最後にアジア経済の重要性についてグローバル経済の未来の中に描き出すことを課題とする。

　1980 年代に世界には新たに経済成長を達成する国や地域が登場した。新興工業経済地域（Newly Industrialized Economies: NIES）である。この新興工業経済地域は中南米のメキシコ，ブラジル，東・東南アジアの韓国，台湾，香港，シンガポールなどを指す。とくに東・東南アジアのこれらの国・地域は成長著しく，アジア・ニーズとも，あるいはまた四小龍（フォードラゴンズ）とも呼ばれた。これらの国・地域は，1960 年代から 1970 年代にかけて持続的な経済成長を開始し，1980 年代には輸出を中心に世界経済上インパクトのある地位を占めるようになった。急速な経済成長は主に工業化によって成し遂げられ，輸入品の国産代替化から加工貿易を主とした輸出志向型の工業化を達成した。また，当初は繊維産業を中心に成長したが，次第に鉄鋼，自動車，造船，石油化学といった重化学工業，さらには電子産業の分野でも飛躍的に発展がみられたのであった。

　1990 年代になると，こうしたアジア・ニーズを追う国々が現れた。東南アジアのマレーシア，タイ，インドネシア，フィリピンといった国々で，ASEAN4 とも呼ばれる。さらに他の東南アジア諸国や中国，南ア

ジアのインドやバングラデシュなども経済成長を遂げつつあり、いずれも相対的に安価な労働力を武器に、輸入代替化から輸出志向型の工業国へと変貌を遂げつつある。近年ではとくに中国とインドの経済成長が著しいが、こうした人口が大きく、資源の豊富な大国の経済発展については本章の章末で検討する。

（2） 開発独裁

　発展途上国（近年では新興国とも呼ばれる）と呼称された国々の経済発展は、人々に物質的豊かさを与えたというプラスのイメージだけで語ることはできない。政府、というよりも国家指導者とその一族や取り巻きと、産業界との癒着が生じた。開発独裁の問題である。著名な開発独裁政権としては、たとえば、韓国の朴正熙政権（1963 - 1979 年）と全斗煥政権（1980 - 1988 年）、フィリピンのマルコス政権（1965 - 1986 年）、インドネシアのスハルト政権（1967 - 1998 年）などがある。そのほかにも世界各地で見られたし、最近でもソビエト連邦崩壊後のウズベキスタンのカリモフ政権（1991 - 2016 年）などがある。

　こうした開発独裁には、すべての開発独裁政権に共通するものがあるわけではないものの、ある程度、共通点が多い。第一に、軍事政権であることが多く、政府の要職の多数を軍人が占めた。そして、政治的不安定性に対し、軍や秘密警察などを通じて、ある程度の治安を確保した。第二には、政財界の癒着である。経済成長を主要な政策として掲げるため、限られた資本や資源を特定の産業や企業に優遇して配分する必要があった。そのために、大統領などの国家指導者層と特定の企業との密接な関係が生じるに至った。第三の共通点としては反共主義を挙げることができよう。冷戦下において反共主義を掲げることで、アメリカ合衆国などからの援助資金を独裁政権が手にすることができ、さらに資本主義

諸国からの資本や技術を導入することができた。そして，第四の共通点として，最終的には，経済成長の結果，一般市民層の生活水準の上昇に伴い，彼らが政治的な自由や民主主義を訴え，開発独裁政権は最終的に崩壊することが多かったのである。

2. 社会主義経済の崩壊と開放

(1) 社会主義の崩壊

1980年代になると，ソビエト連邦（ソ連）を盟主とする社会主義諸国経済の非効率性と低迷が明白となってきた。ミハイル・ゴルバチョフ（1931年 -）は1985年にソビエト連邦の共産党書記長に就任し，ペレストロイカ（再構築ないしは改革の意）を掲げた。社会主義体制の下で，政治や経済の立て直しを企図したものであったが，結局は社会主義体制の動揺と1991年のソビエト連邦の崩壊につながった。

すでに1989年には，ドイツの東西分断の象徴であったベルリンの壁が崩壊している。いずれにせよ，1990年前後にはソビエト連邦と東ヨーロッパからなる社会主義経済圏は崩壊に向かったのである。このような社会主義経済体制の崩壊と市場経済の新たな導入は社会経済的に大きな難問であった。生産手段の公有化と計画経済を基本とする社会主義体制から，私有財産を前提にする資本主義的な市場経済体制を新たに構築する必要があったからである。そのため，1990年代から21世紀初めにかけて，私有財産制の復活や様々な経済活動の自由化など，体制移行の様々な試みがなされた。

(2) 中国とベトナム

ソビエト連邦や東ヨーロッパの旧社会主義国とは異なるタイプの社会主義経済の市場経済化が東・東南アジアでは見られた。中国では，1949

年に中華人民共和国が建国され，毛沢東（1893 - 1976 年）の指導の下，生産手段の公有化や社会主義的計画経済に基づき大躍進政策，さらには文化大革命が進められたが，毛沢東が 1976 年に死去すると文化大革命は終焉を迎えた。

　毛沢東に代わって頭角を現した鄧小平（1904 - 1997 年）は，文化大革命で疲弊した中国経済の再生をもくろみ，改革開放政策を展開した。農村部では人民公社が廃止され，生産責任制が導入された。また，沿岸部では経済特区が設けられ，アメリカ合衆国や日本などの資本や技術が導入された。鄧小平のとった経済政策は 1992 年に表明された社会主義市場経済という言葉に象徴される。政治的には共産党が主導する社会主義体制を堅持したが，経済的には市場経済を導入するというものである。こうした 1978 年に始まる一連の改革開放政策が基礎となり，21 世紀になると中国経済は急速な経済成長を遂げるようになる。しかし一方で，農村部と都市部での貧富の差が生じたり，あるいは急速な工業化に伴って大気汚染や河川公害などの環境問題が深刻となっている。

　このような中国の改革開放政策は，とくにアジアの社会主義諸国に強い影響を与え，市場経済の仕組みを部分的に取り入れ，外資や技術を導入するようになった。その一例としてベトナムがある。1986 年に導入されたドイモイ政策（刷新政策）は，中国の改革開放政策や社会主義市場経済と同様，市場経済のシステムを導入しつつ，政治的には共産党の一党独裁体制を維持するというものである。いずれにせよ，この経済改革を通じて，経済成長を成し遂げつつある。

3. アジアの台頭と世界経済の今後

（1） アジア通貨危機と『リオリエント』

　1997 年にアジア通貨危機が発生した。アメリカ合衆国のヘッジファ

ンドを主とした機関投資家によるアジア通貨の空売りに端を発したもの
である。日本や台湾などを除き，アジア各国の通貨は現実的にはドルペ
ッグ制を採用し，米ドルとの交換レートを固定化させていた。アメリカ
合衆国は強いドル政策を維持していたので，ドルペッグ制をとるアジア
諸国の通貨は米ドルとともに価値が上昇する。一方，こうしたアジア諸
国は，自国通貨高のために輸出が伸び悩んでいた。この状態に目をつけ
られ，アジア通貨の空売りが発生したのである。つまり，アジア通貨の
価値が実態と乖離した状態となり，欧米のヘッジファンドはそこに目を
付けた。アジア通貨を空売りし，安くなったところで買い戻して巨大な
利益を得るということを行ったからである。結果，アジア通貨の為替
レートが暴落し，経済危機を引き起した。このアジア通貨危機は，とり
わけタイ，インドネシア，韓国経済に深刻な影響を与え，これらのアジ
ア諸国は IMF の管理下に入った。

　戦後，日本を筆頭にして東アジアや東南アジア各国は急激に経済成長
を遂げたが，アジア通貨危機は，こうしたアジア経済の成長の見通しに
陰りを見せることになった。こうしたなかで出版されたのがアンドレ・
グンダー・フランク（1929 – 2005 年）の『リオリエント』である（英
語版原著の出版は 1998 年）。アジア通貨危機でアジア経済の今後に暗雲
が差し込め，ある意味，経済史学という学問の世界にもアジア・バッシ
ングが続く中で，彼は『リオリエント』を出版したことになった。

　『リオリエント』という名前が示唆するように，フランクはいずれ世
界経済の中心はかつてのように，オリエント，つまりアジアに回帰する
ということを示唆したかったのである。もちろん彼のこの著作は 18 世
紀までしか扱っていないが，つまるところ，18 世紀までのグローバル
な経済の中心はアジアであり，大航海時代の開始以降，ヨーロッパ人は
豊かなアジアの経済活動に新規に参入していったに過ぎないことを示し

表 15-1　世界各地域の実質 GDP（推定）

（単位：10億ドル，（　）内は%）

	1500	1600	1700	1820	1870	1913	1950	2000
アジア計	161(65.0)	217(65.4)	230(61.8)	413(59.4)	427(38.4)	680(24.9)	984(18.5)	13,762(37.7)
日　本	8 (3.1)	10 (2.9)	15 (4.1)	21 (3.0)	25 (2.3)	72 (2.6)	161 (3.0)	2,669 (7.3)
中　国	62(24.9)	96(29.0)	83(22.3)	229(32.9)	190(17.1)	241 (8.8)	240 (4.5)	4,330(11.9)
インド	61(24.4)	74(22.4)	91(24.4)	111(16.0)	135(12.1)	204 (7.5)	222 (4.2)	1,924 (5.3)
西ヨーロッパ計	44(17.8)	66(19.8)	81(21.9)	160(23.0)	368(33.0)	902(33.0)	1,396(26.2)	7,430(20.4)
イギリス	3 (1.1)	6 (1.8)	11 (2.9)	36 (5.2)	100 (9.0)	225 (8.2)	348 (6.5)	1,180 (3.2)
ロシアおよび東欧	15 (6.1)	21 (6.3)	28 (7.4)	63 (9.0)	134(12.0)	367(13.4)	695 (13.0)	1,975 (5.4)
アメリカ合衆国	1 (0.3)	1 (0.2)	1 (0.1)	13 (1.8)	98 (8.8)	517(18.9)	1,456(27.3)	7,942(21.8)
ラテン・アメリカ計	7 (2.9)	4 (1.1)	6 (1.7)	15 (2.2)	28 (2.5)	120 (4.4)	416 (7.8)	3,057 (8.4)
アフリカ計	19 (7.8)	23 (7.1)	26 (6.9)	31 (4.5)	45 (4.1)	79 (2.9)	203 (3.8)	1,176 (3.2)
世界合計	248 (100)	331 (100)	371 (100)	695 (100)	1,113 (100)	2,732 (100)	5,330 (100)	36,502 (100)

注）単位のドルは「1990 年ゲアリー＝ケイミス国際ドル」で，各時代の各国通貨を購買力平価と物価変動率で
　　1990 年の共通国際ドルに換算したもの。1950 年のロシアはソ連。

出典：杉山伸也（2014）：10-11.

た。19 世紀以降については，もちろん，表題が示唆を与えるに過ぎな
いが，19 世紀から 20 世紀にかけて，欧米の植民地化が進んだものの，
やがてはまたアジア経済がグローバル・エコノミーの牽引役として再登
場するということを考えていたものだったと思われる。たしかに，長期
的に世界各地の GDP を考えてみると，表 15-1 が示すように，グロー
バル・エコノミーの中心は再びアジアに戻ってきていると考えることも
できるのである。

　フランクは出版後，アジア通貨危機の深刻さが増すとともに，著作自
体も極めて辛らつに批判されることがしばしばあった。しかしながら，
アジア通貨危機で深刻な影響を受けたアジア各国経済も現実にはやがて
立ち直った。むしろ，現在では，グローバル化がより進む中で，アジア
諸国が自らの立ち位置を模索している状況にあるといえるだろう。

（2） 自由貿易経済圏の構築

21世紀に入り，グローバル経済は主にいくつかの課題に直面し，その解決を模索するようになった。ひとつの重要な動きは自由貿易経済圏の構築である。もっとも，経済圏という言葉が示すように，世界の経済すべてを自由化するのではなく，むしろ一部の地域に限定して，自由貿易圏を構築しようとする動きである。これはある意味，経済のグローバル化に反する動きともいえるかもしれない。

もっとも著名な地域経済圏は戦後，自由主義諸国のヨーロッパで構築されていった経済圏である。1952年の欧州石炭鉄鋼共同体（原加盟国：フランス，西ドイツ，イタリア，オランダ，ベルギー，ルクセンブルク）に始まり，拡大していった。1993年には名称を欧州連合（EU）とし，政治的統合も目指すようになり，東ヨーロッパにおける社会主義国の崩壊で，現在では広くヨーロッパ全体を包み込むかの状態にある。現在では通貨はユーロに統合されるとともに，域内の物流の無関税化，さらには域内の労働力移動の自由を認めている。

こうしたヨーロッパでの動きに刺激を与えられ，戦後はいくつかの地域経済圏の構築が模索されてきた。代表的なものとして，1967年にタイ，フィリピン，マレーシア，インドネシア，シンガポールの5か国で創設された東南アジア諸国連合（ASEAN）があり，現在では域内10か国が加盟している。また，アメリカ大陸に目を転じると，1976年に発足したラテン・アメリカ経済機構があり，これは中南米諸国での経済統合を目指したものであった。また，1994年に発効した北米自由貿易協定（NAFTA）はアメリカ合衆国のほか，カナダとメキシコの経済圏構築を目指している。近年では，2005年に環太平洋諸国のシンガポール，ブルネイ，チリ，ニュージーランドの4か国が加盟して発足した環太平洋戦略的経済連携協定があり，さらにアメリカ合衆国や日本など経済的

に有力な諸国の加入をえる環太平洋パートナーシップ協定（TPP）の発効が目指されている。

　いずれも，こうした動きは地域内での経済統合を目指すものであり，非関税化や労働力移動の弾力的自由化を目指している。域内での分業体制を構築し，最も効率的に経済成長を実現しようとするのである。たしかに，国境を越えての経済統合を図る動きであるので，経済の国際化であることには違いがない。しかし，この経済圏に組み込まれなかった国からすると，この経済圏は排他的なものと映るであろうし，経済のグローバル化に反する動きであるともいえる。さらに，2016年になると，イギリスが欧州連合（EU）からの離脱の動きを具体的に見せ始めたし，2017年初めにアメリカ合衆国大統領にドナルド・トランプが就任し，こうした域内統合に対する嫌悪感を示したので，今後も世界の各地で経済的な統合が進むのかどうかは予断を許さない。

（3）　資源と環境
　総じてみると，1970年以降のグローバル経済は大きな転換を遂げたことは確かなようである。フランスの政治経済学・経済史家のミシェル・ボーは，これを20世紀末の「地殻変動」と呼び，ちょうど百年前の19世紀末におけるイギリスを中心とした「大不況」下の世界経済の変動に匹敵するものとして考えている。具体的にいえば，1970年代以降，世界の基軸通貨としての米ドルのポジションが衰退し，ヨーロッパ経済の世界的重要性も低下した。一方で，日本や日本以外のアジア諸国の経済力が増大し，グローバル・エコノミーの中での重きをなすようになった。また，鉄鋼業や造船業に代表される重化学工業よりも情報通信産業などの重要性が高まったのである（表15-2参照）。

　そして何よりも肝心なことは，20世紀末以降，グローバル化という

第15章　リオリエントへの展望　| **217**

表 15 - 2　19 世紀末の「大不況」と 20 世紀末の「地殻変動」

	1873 - 95 年の「大不況」	1970 - 90 年の「地殻変動」
支配国と基軸通貨の見直し	イギリス ポンド	アメリカ ドル
古くからの経済の息切れ現象	フランス，ベルギー，オランダ	西ヨーロッパおよび東ヨーロッパ諸国
新しい資本主義国の確立	アメリカ ドイツ	日本，新興工業国（NIES） インド，中国
旧産業の凋落	石炭，鉄，溶鉱，繊維	鋼鉄，造船，自動車，家電
新技術と新産業	電気，石油燃料動燃機関，電話，自動車，飛行機	核エネルギー，太陽エネルギー等，情報，通信，航空，宇宙，バイオテクノロジー，新素材
国際化と世界化	帝国主義，国際金融，資本輸出，世界分割	多国籍企業, グローバル‐信用, グローバル‐通貨, グローバル‐金融, 「グローバル化」

出典：ミシェル・ボー（2015）：368.

　ものが歴然とした現実として人々の意識を捉えることになったのである。1990 年を前後した社会主義国の崩壊や変容により，世界経済はその基本原則としての市場経済システムの下に統合された。インターネットに代表される情報，さらにはモノ，人が国境を越えることは日常的になった。むしろ国境を越えるという概念である「国際」というよりも，地球規模から物事を考える「グローバル」という視点の方が重要となったのである。

　さて，市場経済が世界の原則となったとき，人や原料といった資源を持つ国は優位な立場に立つであろう。21 世紀になると，BRICs（ブリックス）4 か国，すなわち，ブラジル（Brazil），ロシア（Russia），インド（India），中国（China）が飛躍的な経済成長が見込める国として注目を浴びるようになった。いずれの 4 か国とも大きな人口（人的資源）

をもち，広大な国土と石炭，鉄鉱石，天然ガスという豊富な資源に恵まれる。しかも，近年の経済改革で高い潜在成長力を示しているのである。市場経済のメカニズムが資源の稀少性ないしは有限であることを前提としていることを考えると，こうした資源を豊富に持つ国が今後のグローバル・エコノミーの成長を先導する可能性は高いといえる。

　しかしながら，グローバル・エコノミーの行く末は，前途有望であるといえるのであろうか。端的にいえば，経済史学は過去を分析するものであり，未来を予想する学問ではない。ただ，世界がこのまま成長を続けると 2 つの深刻なグローバル的課題を抱えることになることは確かであろう。

　ひとつには世界的なエネルギー不足の問題である。産業革命以降，人類は化石燃料や原子力に大きく依存する社会を創り出した。今後，グローバル経済が成長を続けることを保証するだけのエネルギー源を安全に人類が確保できるかどうかは非常に悩ましい問題である。また，もうひとつの問題はグローバルな環境問題である。たとえ経済成長を維持できるだけのエネルギー源を確保したとしても，手を打たなければ，世界的な二酸化炭素排出量は増大することになり，地球環境に大きな影響を与えることになろうであろう。

　いずれにせよ，経済の成長と資源・環境の問題は今後，切り離すことはできないだろうし，また，これらの問題を地球的規模から考えてゆかなければならないことは事実である。

参考文献

・猪木武徳（2009）『戦後世界経済史―自由と平等の視点から―』中公新書

- 杉山伸也（2014）『グローバル経済史入門』岩波新書
- 世界銀行編（1994）『東アジアの奇跡―経済成長と政府の役割―』（白鳥正喜監訳）東洋経済新報社
- アンドレ・グンダー・フランク（2000）『リオリエント―アジア時代のグローバル・エコノミー―』（山下範久訳）藤原書店
- ミシェル・ボー（2015）『増補新版　資本主義の世界史― 1500‐2010 ―』（筆宝康之，勝俣誠訳）藤原書店

索引

●配列はアルファベット，五十音順。＊は人名を示す。

●**アルファベット**

ASEAN　215
ASEAN4　209
Big Data　28
BRICs　217
Bullion for Goods　68
EU　3, 12, 193, 216
G.D. ビルラ＊　195
GDP　9, 27, 101, 205
IMF　201
Industrial Revolution　183
Industrious Revolution　183
Intra-Asian trade　59
J.-P. バッシーノ＊　36
Japan as Number One　3
local trade　11
NAFTA　215
NC　130
NIES　209
NIES モデル　200
Non-Resident Indians　201
NRI　201
SDR 借款　201
TPP　216

●**あ　行**

アイルランド　124, 126
アカプルコ　50
アジア　4
アジア・アフリカ　9, 193
アジア域内貿易　51, 59, 60
アジア観　24
アジア間貿易　11, 59
アジア系移民　124

アジア通貨危機　212
アブー＝ルゴド＊　9
アフガニスタン　13
アフリカ　29, 69
アヘン取引　128
亜麻工業　71
亜麻布　69
アムステルダム　36, 54
アメリカ　25
アメリカ綿　72
アラブ石油輸出国機構　171
アルザス　72
アルゼンチン　126
アレン＊　158
アントウェルペン　53
アンボン事件　69
アンボン島　68
イギリス　3, 16
イギリス資本　195
イギリス人資本家　195
イギリス東インド会社　56
イギリス綿布　76
イスラーム革命　171
イスラム化　127
一次産品　92
一条鞭法　47, 148
一国史　12
井戸灌漑　98
移民　124
移民制限　138
イラク　13
岩倉使節団　24
石見銀山　46
インセンティヴ　17

インディゴ　73
インディラ*　199
インド　10
インド化　127
インド軍　128
インド系移民　123
インド系商人　127
インドシナ　25
インド人金融業者　108
インド人資本家　195
インド人商工会議所　195
インド人商工会議連盟　195
インド大反乱　107
インド民族資本　195
インド綿製品　32
インド綿布　4
インド洋経済圏　66
インド洋交易　68
インド洋世界　14
印パ紛争　198
インフラ　4
インフルエンザ　106
ウィエンチャン　75
ウェルフェア倍率　23, 36
ウォーラーステイン*　9, 15
宇宙の創生　14
裏作　185
運河　108
雲南　74
疫病　14
絵所秀紀*　196
エスニック紛争　12
エネルギー　4
遠隔地貿易　11
援助　196
オイル・ショック　180

オイル・ブーム　200
欧州石炭鉄鋼共同体　215
欧州連合　215, 216
欧米世界　11
大型機械　186
オクスフォード　36
オスマン　16
オピアム　195
お雇い外国人　24
オランダ　16
オランダ東インド会社　4, 56, 57, 58, 87
オリエンタリズム　15
温帯　93

●か　行
カーヴェリ河　97, 187
カースト制　189
甲斐　37
海外居住インド人　201
海外市場　196
改革開放　194
改革開放政策　212
外貨準備　200, 201
海峡植民地　126
外国為替規制法　199
開発型移民　140
開発空間　109
開発経済論　195
開発政策　193, 196
開発独裁　210, 211
開放井戸　97
開放経済　193
価格革命　49
化学肥料　100
華僑送金　151
拡張可能面積　95

家計収入　32
過剰開発　95
過少資源対応型発展径路　191
華人　150, 151, 152
化石燃料　26
河川灌漑　98
家族経営　185
家族労働　33
家畜　98
学校制度　158
カドビア　73
カナダ　128
加納啓良*　108
貨幣　27
貨幣システム　27
ガマ*　41
上ビルマ　108
カリカット　41
ガリビ・ハタオ　200
カリフォルニア　138
カリブ海　127
カリモフ*　210
カルカッタ　69, 127
管井戸　97
灌漑　37
環境　14
環境圧力　26
環境汚染　180
環境保護　180
環境問題　3
韓国　182
ガンジス河　187
感染症　44, 162
環太平洋パートナーシップ協定　216
ガンディー*　195
カンボジア　74

官吏　128
生糸　69
幾何級数的　178
飢饉　106
技術革新　17
技術者　128
規制緩和　201
汽船　168, 169
北アフリカ　95
既得権益　18
絹　72
キャッチアップ　66
ギャラハー*　117
キャリコ　71
休耕地　98
牛馬　185
供給の制約　196
京都　36
局地的貿易　11
銀　4
銀貨圏　148, 150
金銀地金交易　66
銀鉱山発見　66
近世諸帝国　17
銀銭　36
近代的土地制度　118, 119, 120
銀賃金　32
金肥　185
勤勉革命　64, 178
金本位制　142, 143, 144, 145
金融　4
金融業者　130
金融コミュニティー　130
クアラ・カンサル　131
クーリー　139
草地　92

グジャラート　75
国別 GDP　101
グプタ*　33
クリスティアン*　14
グローバリゼーション　12
グローバル・エコノミー　3
グローバル・ヒストリー　3
グローバル経済史　3
クロスビー*　44
鍬　185
軍人　128
計画経済　193, 196
経済学及び課税の原理　179
経済規模　103
経済自由化　199
経済成長　18
経済成長論　18
経済発展　17
毛織物　72
下人　185
限界費用　179
元寇　138
原子力発電　174, 175
建設工　33
ゴア　41
黄禍論　138
公企業　196
工業化　18
公共財　17
合計特殊出生率　182
鉱山　26, 123
高出生力社会　182
工場制綿糸・綿布　194
香辛料　40, 41, 49
降水量　187
構造主義　196

構造主義アプローチ　196
構造調整　196
構造調整プログラム　202
耕地開発　4, 92
高度経済成長　194
高度成長　200
高度大衆消費　164
神戸　128
効率性　17
香料　66
香料の時代　68
コーチシナ　77
コーヒー　55, 75, 89, 90
ゴールドラッシュ　138
国際衛生会議　162
国際競争力　32
国際公衆衛生事務局　162
国際石油資本　170, 171
国際比較　27
国際分業　12
国勢調査　103
国内市場　196
国民経済　193, 195
国民国家競合体制　17
国民国家システム　194
国民国家体制　12
穀物条例　179
穀物賃金　32
穀物法　179
胡椒　40, 69
コチニール　73
小麦　100
ゴム　107, 128
ゴム・ブーム　131
米　100
米輸出禁止政策　107

小屋住農　186
雇用労働者　37
ゴルバチョフ*　211
コレラ　162
コロマンデル　69
コロンブス*　40, 41
コロンブス交換　41, 44, 46, 84
混血児　51
混合経済体制　197
根菜生産　98
コンディショナリティ　201
コンバウン朝　107

●さ　行

サーヴィス産業　17
サーヴィス部門　198
財産権　17
最先進地域　25
在地社会　188
斉藤修*　36
栽培適地面積　95
債務奴隷　137
サカステス銀山　47
酒　69
鎖国　61, 62, 63
ザ・シティー　145
雑穀型　37
サツマイモ　43, 183
砂糖　4, 86, 88, 90
サトウキビ　43, 55, 81, 85, 86, 127
砂漠　187
サファヴィー　16
サファヴィー朝　19
サブ・システム　18
サルン　75
産業革命　10, 17, 116

産業政策決議　197
産業政策声明　202
産業部門構成　206
産業（開発・規制）法　197
参詣　161
算術級数的　178
三圃制農業　98
ジェネヴァ　30
シェル石油　170
地金　67
自給生産　26
シク教徒　128
資源管理　181
資源制約　25
資源の枯渇　180
市場価値　136
市場競争力　71
市場経済　193
市場メカニズム　196
自然災害　17
実質賃金　32, 124
実質賃金率　180
私的所有権　17
シナモン　75
地主権益　179
士農工商　185
死亡率　30, 180
資本財　198
資本集約的　186
資本主義　10, 16
資本節約的　186
資本蓄積　196
資本利潤率　179
下ビルマ　107
社会主義　193
社会主義市場経済　212

社会的基盤　17

ジャガイモ　43

ジャガイモ飢饉　126

ジャカルタ　68

シャム　77

ジャワ　74

収穫逓減　179

重工業部門　195

13世紀の世界システム　18

収縮サイクル　27

重商主義　26

従属論　16

住宅街　131

ジュート産業　195

周辺　16

自由貿易　115, 116, 179

自由貿易帝国主義論　117

手工業部門　190

出生率　180

寿命　23

巡礼　161

ジョイント＝セクター　199

商館　59

蒸気機関　26, 168

蒸気船　111

商業銀行　131

商業の時代　51

使用禁止　72

少産少死　182

少子化政策　182

商店街　131

商店街区画　131

小農　83, 84

小農経営　37, 185

消費　25

消費財部門　197

消費バスケット　35, 36

ジョーンズ＊　9

植物性繊維　72

職分　188

植民地　13, 24

食料危機　180

食料自給　200

食料問題　100

飼料栽培地　185

清　16

シンガポール　77

人口　4

人口規模　101

新興工業経済地域　209

新興国家　193

人口調整　181

人口動向　101

人口爆発　180

人口抑制　179

人口論　178

新古典派　196

新作物　183

新世界　26

身長　23

人的資源　17

人民公社　212

森林　92

人類史　13

水路　97

スウェーデン　28, 30

スエズ運河　113

犂　185

杉原薫＊　11

錫　137

スタンダード・オイル　170

スハルト＊　210

スペイン　25
スペインドル　75
スマトラ　75, 77
スリーマイル島原子力発電所　175
スリランカ　128
生育期間　100
西欧世界の勃興　17
生活規制　189
生活水準　31
製材所　128
生産財部門　197
生産責任制　212
生存賃金　179
成長阻害　17
成長の限界　180
製鉄所　195
制度型移民　140
精米工場　107
西洋化　155, 157
世界銀行　199
世界経済化　16
世界米市場　107
世界市場　24
世界システム　15
世界史認識　9
世界商品　4, 75
世界の経済構造　205
世界保健機関　162
石炭　26, 112, 167, 168, 169
石油　170, 171
石油ショック　171
石油輸出国機構　171
世銀借款　196
積極的制限　179, 181
繊維産業　72
センサス　103, 106

染色　72
全斗煥*　210
染料　73
宋　18
草原　92
想定生存水準　36
疎外　155
ソ連邦　193

●た　行
タイ　75
対アジア観　13
第一次人口転換　182
第一次石油危機　200
第一次大戦　131
第1次輸入代替　198
対印援助国会議　202
対外開放政策　108
対外債務　201
大飢饉　126
耐久消費財　198
大恐慌　131, 195
大交易時代　45, 50
大航海時代　44, 45
大財閥　195
大西洋経済圏　66
大西洋三角貿易　54, 55
代替エネルギー　172
代替エネルギー源　173
大帝国　16
第2次5カ年計画　197
第二次大戦　131
第2次輸入代替　198
大分岐　25
大分岐論　23
大躍進政策　194, 212

第 4 次 5 カ年計画　199
第 4 次中東戦争　171, 200
大陸横断鉄道　138
大量生産技術　71
台湾　69, 198
多径路性　178
多作　96
多作化　188
多産少死　182
多産多死　182
多収量品種　100
タタ*　195
脱亜論　23
経糸　71
タバコ　43, 55, 67
タミル　130
タミル・ナードゥ　97
溜池　97
単位収量　98
炭坑　25
タンジャーヴール・デルタ　97
断種手術　182
地域格差　11
地域別 GDP 構成　10
チェルノブイリ原子力発電所　175
地下水　98
地球温暖化　14
地球環境　14
築堤　108
地租改正　119
窒素肥料　98
地表被覆構成　92
地表変化　92
茶　90
チャオプラヤー河　108
中欧　30

中央アジア　29
中核　16
中間財　198
中間層　130
中国　3, 10, 25
中国系移民　123
中枢　16
中絶　184
中東　95
中東戦争　180
丁字　75
長繊維綿　73
朝鮮併合　24
徴兵　28
チョーラ時代　97
貯水池　97
貯蓄率　200
賃金　23
チングルプット　97
チンツ　77
紡ぎ車　71
手当　189
帝国主義　115, 116
停滞　10
抵当　131
抵当取引　131
鄭和の遠征　138
手織工　32, 190
出稼ぎ　200
デザイン　71
鉄鋼会社　195
鉄道　117, 118, 123
手紡ぎ工　72
デルタ開発　108
電信　113, 114
天然ガス　173

天然痘　44
デンマーク　30
ドイツ　25
ドイモイ政策　212
東京　36
東西綿布交易　73
鄧小平＊　212
島嶼部　108
東南アジア　10, 30
東南アジア諸国連合　215
動物性繊維　72
トウモロコシ　43
東洋あかね　73
トーマス・クック社　161
トーレンズ制　137
時は金なり　159
徳川時代　18
独占・制限的取引慣行法　199
独立の時代　12
都市賃金　37
都市的な要素　187
途上国経済　100
土地市場　131
土地調査事業　119
土地利用頻度　185
特許権　17
飛び杼　73
トマス＊　17
トメ＝ピレス＊　75
度量衡　120, 121
取分率　189
トルコ赤　73
奴隷　26, 81, 82
奴隷交易　123
奴隷船　55

●な　行

ナーガパッティナム　69
内婚制　189
長崎　69
長崎貿易　61
捺染　72
ナットゥコッタイ地域　130
ナットゥコッタイ・チェッティヤール
　130
ナツメグ　75
ナラシマ＝ラオ＊　202
南欧　29
ナントの勅令の廃止　73
南北アメリカ　124
南北戦争　107
難民　193
二極体制　193
ニクソン・ショック　143
西アジア　128
西インド　69
西インド綿　72
日露戦争　24
日清戦争　24
二分法　196
ニューコメン＊　168
熱帯　93
熱帯アフリカ　95
ネットワーク　66
ネットワーク型移民　140
ネルー＊　195
年季契約移民　127
年季奉公人　185
農業開発　92
農業革命　98
農業集約化　37
農業生産性　32

農書 185
農村賃金 37
農地 92
ノース* 17
ノルウェー 124
ノルマンディー 72

● は　行
ハーバー・ボッシュ法 98
梅毒 44
売買 131
灰吹法 46
バウリング条約 108
パキスタン 199
パクスブリタニカ 123
バタヴィア 68
発展径路 178
発展の標準モデル 158
バティック 77
馬徳斌* 36
速水融* 183
パルス的 187
パルタサラティ* 32, 35
藩王 128
晩婚 182
パンジャーブ 128
バンダ 75
反トラスト法 170
非欧米世界 3
比較の手法 23
東アジア 11
東アジア型 178
東アジアの奇跡 11, 17, 208
東アフリカ 128
東インド会社 66

東ガーツ山脈 97
非婚 182
非常事態宣言 200
人の移動 4, 123
一人あたり GDP 11, 101
一人あたり生産性 37
非農業従事者比率 190
非農業部門 190
飛躍 196
肥料 96, 98
ビルマ 74, 128
ビルラ* 195
貧困 181
品種改良 96
ファスチャン 71
フィリピン 25
不可触民 129
副業 32
福沢諭吉* 24
福島第一原子力発電所 175
譜代 185
物価 33
プッシュ要因 126
プドゥコッタイ 130
船乗り 128
フランク* 19, 27, 213
フランクリン* 160
フランス 25, 70
プランテーション 55, 80, 81, 83, 85, 86, 90, 123, 152
フランドル 71
プランニング 196
フリース* 54
プリカット 69
プル要因 126
ブレトンウッズ協定 143

ブローデル* 15
ブロードベリー* 33
ブロック経済圏 143
プロト工業化 24
文化大革命 194, 212
分業 25
分業システム 190
分家 184
文献史学 14
文献史料 13
分配システム 189
分配率 188
文明化の使命 13
分離独立運動 201
米魚型 37
平均世帯規模 184
米ソ対立 193
ベヴリ・ルミア* 71
北京 36
ベトナム 74
ベトナム戦争 13
ペナン 77
ペレストロイカ 194, 211
ベンガル 69
辺境 16
ベンクーレン 77
貿易自由化 202
紡糸 75
法の精神 181
ボー* 216
ポーランド 34
北欧 30
朴正煕* 210
牧草地 186
北米 30
北米自由貿易協定 215

保護主義 194
ポトシ銀山 47
ホメイニー* 171
ポメランツ* 19, 167
ホラント 72
ポルトガル 68, 126
香港 128
ポンディチェリ 72, 127

●ま 行

マカオ 41
マディソン* 101
マドラス 69
マドラス管区 97
マニラ 50
マニラ・ガレオン貿易 50
マハラノビス* 197
マハラノビス成長モデル 197
間引き 184
マラッカ 41, 75
マラバル 69
マルコス* 210
マルサス的人口法則 179
マルサスの罠 26, 178
マレー半島 75, 128
マレー留保地法 137
ミーラース 189
ミーラース制 189
緑の革命 98
南アジア 30, 95
南アジア型 178
南アフリカ 128
身分的隷属関係 185
ミラノ 36
明 16
民族移動 195

民族資本　194
ムガル　16
ムガル朝　19
明治　37
メートル法　120, 121
メコン川デルタ　108
綿業　12
綿業従事者　32
免税地　189
綿花　55, 67
綿布　66
毛沢東*　212
モーリシャス　127
文字史料　13
モルッカ諸島　68
モルッカ地域　68
モロコシ　100, 183
モンテスキュー*　181

●や　行
ヤード・ポンド法　121
ユーラシア大陸　14
ユーロセントリズム　13, 15
ユグノー　73
輸出指向型　73
油田　170
輸入規制緩和　195
輸入禁止　72
輸入代替　26
輸入代替工業化　72, 195
羊毛製品　67
ヨーロッパ　4
ヨーロッパ＝アジア間貿易　58
ヨーロッパ・アジア貿易　11
ヨーロッパ型　178
ヨーロッパ系移民　123, 124

ヨーロッパ市場　71
ヨーロッパ中心史観　18
ヨーロッパの奇跡　17
ヨーロッパの木綿　71
ヨーロッパ優位説　18
余暇　160, 161
横浜　128
4つの口　62
予防的制限　179, 181
四小龍　209

●ら　行
ラーマ4世*　108
ライセンス　197
ライフスタイル　4
ラジーブ*　201
落花生　183
ランカシャー　72
リード*　51, 74
リオリエント　27, 213
リカードの罠　26, 178
力織機　73
リバプール・マンチェスター鉄道　117
量産技術　73
緑肥　188
輪作　98
輪作農法　186
ルソン　74
冷戦構造　193
冷戦体制下　193
冷凍船　157
レ・ユニオン　127
レント・シーキング　18
ロイヤル・ダッチ石油　170
労働時間　185
労働集約的発展　37, 183

労働節約的　186
労働日数　37
労働力市場　137
ローマクラブ　180
ロシア　3
ロストウ*　164
ロッグウッド　73
ロビンソン*　117

ロンドン　25
ロンドン・ジュート協会　195

●わ 行
ワールド・ヒストリー　13
ワット*　168
罠　179
湾岸戦争　201

著者紹介

水島　司（みずしま・つかさ）　　　　・執筆章→ 1, 2, 5, 7, 9, 13, 14

1952 年　富山県に生まれる
1976 年　東京大学文学部東洋史学科卒業
1979 年　東京大学人文科学系大学院修士課程修了
　　　　同年　東京外国語大学アジア・アフリカ言語文化研究所助手
　　　　同助教授，教授を経て
1997 年　東京大学大学院人文社会系研究科教授，現在に至る
　　　　博士（文学）
専攻　　インド史，グローバル・ヒストリー，歴史地理情報システム
主な著書　『前近代南インドの社会空間と社会構造』（東京大学出版会）2008
　　　　『グローバル・ヒストリーの挑戦』（編著　山川出版社）2008
　　　　『グローバル・ヒストリー入門』（山川出版社）2010
　　　　『21 世紀への挑戦　日本・アジア・グローバリゼーション』（共編　日本経済評論社）2011
　　　　『激動のインド 1　変動のゆくえ』（編著　日本経済評論社）2013
　　　　『激動のインド 2　環境と開発』（共編　日本経済評論社）2014
　　　　『激動のインド 4　農業と農村』（共編　日本経済評論社）2014
　　　　Place, Space, and Time: Asian Hinterlands and Political Economic Development in the Long Eighteenth Century（co-edition, Brill）2015
　　　　『現代インド 2　農村・都市の溶融』（共編　東京大学出版会）2015
　　　　『アジア経済史研究入門』（共編　名古屋大学出版会）2015

島田　竜登 (しまだ・りゅうと)　　執筆章→ 3, 4, 6, 8, 10, 11, 12, 15

1972 年	神奈川県に生まれる
1996 年	早稲田大学政治経済学部経済学科卒業
1998 年	早稲田大学大学院経済学研究科修士課程修了
2001 年	ライデン大学アジア・アフリカ・アメリンディア研究所上級修士課程修了
2005 年	ライデン大学博士
2006 年	西南学院大学経済学部講師，同准教授を経て
2012 年	東京大学大学院人文社会系研究科准教授，現在に至る
専攻	東南アジア史，アジア経済史，グローバル・ヒストリー
主な著書	*The Intra-Asian Trade in Japanese Copper by the Dutch East India Company during the Eighteenth Century* (Brill) 2006
	『アジア経済史研究入門』（共編　名古屋大学出版会）2015
	『歴史に刻印されたメガシティ』（共編　東京大学出版会）2016

放送大学教材　1639609-1-1811（テレビ）

グローバル経済史

発　行　　2018 年 3 月 20 日　第 1 刷

著　者　　水島　司・島田竜登

発行所　　一般財団法人　放送大学教育振興会
　　　　　〒105-0001　東京都港区虎ノ門 1-14-1　郵政福祉琴平ビル
　　　　　電話　03（3502）2750

市販用は放送大学教材と同じ内容です。定価はカバーに表示してあります。
落丁本・乱丁本はお取り替えいたします。

Printed in Japan　ISBN978-4-595-31881-8　C1333